Oui, cheffe !

Georgiana Viou
Avec la collaboration d'Olivier Montels

Oui, cheffe !

Du Bénin à l'étoile Michelin, itinéraire d'une battante

Michel Lafon

14, boulevard de la Madeleine – CS 62204
75373 Paris Cedex 08

www.michel-lafon.com

À Steven, Paul-Arthur, Margot…
ma tribu d'amour

Je me suis rappelé que la liberté n'est jamais gratuite.
Il faut lutter pour l'obtenir. Travailler pour l'obtenir
et s'assurer qu'on est capable d'en faire usage.

Toni Morrison, *Délivrances*

Avant-propos

Cotonou, été 2024…

La température est douce. En France, c'est la canicule. Je suis au Bénin pour réfléchir à ce livre, celui que vous tenez entre vos mains. Revenir là où je suis née, là où tout a commencé, là d'où je suis partie aussi. Cotonou, c'est toujours une plongée en apnée dans les odeurs, les saveurs de l'enfance et l'adolescence.

Je suis là depuis quelques jours et je retrouve ma mère. Lorsque je rentre, nous réunissons toujours les amis et la famille pour un déjeuner chez elle, dans le jardin de sa maison d'Akassato à une heure de route de la capitale. Ces repas sont devenus une tradition. Nous allons faire les courses ensemble.

Nous nous rendons au port autonome pour le poisson et au marché de Ganhi pour le reste.

C'est la première fois depuis vingt-cinq ans que nous nous retrouvons toutes les deux pour faire le marché. D'habitude, nous nous répartissons les achats et chacune part de son côté, mais cette fois c'est différent.

Je suis émue par ce moment. J'aimerais tellement que ma fille soit avec nous.

La prochaine fois.

Comme pour chaque « grand déjeuner », ma mère a mis au menu quelques-uns de ses classiques, dont le mantindjan. C'est un plat emblématique de la cuisine béninoise du Sud. Ça commence toujours avec un peu d'huile chaude au fond de la casserole, une purée d'oignon, d'ail, de gingembre et de poivre, pour la base de l'assaisonnement.

Nous échangeons peu de mots, je la laisse faire mais j'attends le moment où, d'un signe, elle me dira que c'est à mon tour de travailler. J'ai toujours aimé la regarder cuisiner.

On ajoute une purée de tomate, les feuilles de morelle blanchies et hachées, puis successivement la poudre de graines de courge, les morceaux de viande cuite, de poisson fumé, les crabes, les crevettes et du wangashi, un fromage peulh.

Ma mère ne me parle que pour me donner de brefs conseils, voire des consignes : « Un peu plus »,

« Oui comme ça » ou « Attention Gigi » lorsqu'elle pense que j'ai mal réalisé un geste. Un peu d'eau et on laisse mijoter tranquillement. En accompagnement, il y aura le riz blanc dont elle seule a le secret, et un peu de pâte noire pour respecter la tradition.

En amont de notre séance de cuisine à quatre mains, elle a déjà beaucoup travaillé. Poulet et poisson braisé, blokoto (sauce au pied de bœuf) ou kpètè (civet de cochon), aloko (bananes plantain frites), entre autres. Côté boissons, du jus d'ananas frais, du tchakpalo maison, une boisson rafraîchissante non alcoolisée à base de maïs fermenté. Ce sont toutes les choses que j'aime. Elle s'en souvient.

Cheffe ou pas, avec ou sans étoile, devant ma mère j'attends mon tour, et le début de ma partition dont elle donne le signal d'un regard. Je serai toujours l'apprentie de ma mère, et j'adore ça.

Il fait moite, saison des pluies oblige. Je suis très fatiguée et un peu angoissée avant de me lancer dans l'écriture de ce livre. Comment pourrait-il en être autrement ? Je ne suis pas très à l'aise avec tout ça. Une vie qui se raconte est une vie hors norme ou exceptionnelle. Qu'ai-je vécu moi-même de Cotonou à Nîmes, en passant par Paris et Marseille ? Est-ce à soi de décider si son parcours mérite d'être partagé ?

Plus qu'une vie, c'est bien de cela qu'il s'agit : un parcours, une trajectoire. Ma vie, elle, s'invente tous les jours et je compte bien la nourrir de milliers de nouvelles émotions.

Je suis une Béninoise de 47 ans arrivée à Paris, devenue cheffe presque par hasard et qui a eu la chance d'avoir été récompensée par une étoile au Guide Michelin. Il y a tellement de cuisiniers aux vies inspirantes dont j'aimerais lire les mémoires, mais moi ? Le sentiment d'imposture qui m'habite depuis toujours revient au galop.

– Qui es-tu pour faire « ton intéressante » ?

Puis j'ai repensé aux centaines de messages que j'ai reçus. Des personnes qui m'ont confié s'être senties moins seules ou plus optimistes après avoir découvert des bribes de mon parcours. Des anonymes, mais aussi des personnalités du monde du sport ou de l'audiovisuel qui m'ont expliqué que je devais me raconter, partager mon histoire. La plupart sont des femmes d'ailleurs.

Tout cela est beaucoup d'honneur pour moi parce que je pense qu'au-delà de nos ambitions et de nos capacités personnelles, nous avons tous besoin d'une source d'inspiration. La mienne s'appelait Georgette, c'était ma grand-mère. Un peu cliché, me direz-vous, et pourtant c'est vrai. Elle sera une des héroïnes de ce livre.

L'idée de ce récit personnel est née en plein Covid, au cours de l'année 2020. J'étais sans travail, avec un projet professionnel en stand-by, et j'avais le sentiment que ma vie de cheffe n'était pas près de repartir. Olivier, un ami de longue date rencontré à Marseille pour un projet d'émission de télévision, m'appelle alors que nous n'avions plus échangé depuis longtemps. Après avoir partagé nos craintes sur l'avenir et nos situations respectives face au confinement, il s'est lancé :

– Georgiana, est-ce que tu accepterais de me raconter ta vie ? Ça fait des années que je trouve qu'on devrait en faire un film, un documentaire, une fiction ou une série. Je t'ai vue souffrir, tomber et rebondir, et je voudrais que tu me racontes ton histoire. On a tout notre temps.

Au fil des heures de nos conversations téléphoniques, j'ai déroulé ma vie et il m'a envoyé quinze pages de résumé. Il y avait tout ce qui m'était arrivé, en concentré. En parlant, j'avais lâché prise et raconté des événements dont je n'avais jamais parlé auparavant. Il y avait là, devant moi, un début de portrait qui me laissait sans voix, pas du tout en autoadmiration mais plutôt effrayée par tout ce qui remontait sous mes yeux.

J'ai tellement pleuré (vous verrez, je pleure beaucoup) en lisant ces pages que j'ai d'abord rappelé Olivier pour lui dire :

– Jamais on ne racontera tout ça… Je ne veux pas, je ne peux pas.

Entre lui raconter ma vie et la partager avec tout le monde, il y avait un océan de doutes et de peurs.

Il m'a répondu calmement :

– OK, comme tu le sens… On en reparle quand tu veux… Je te l'ai dit, on n'est pas pressés.

Quelques jours ont passé, j'y pensais tout le temps.

J'ai pris conscience que j'avais enfoui dans un coin de mon cerveau une bonne partie de mes moments difficiles, de mes malheurs, mais aussi de quelques bonheurs. J'éprouvais, depuis vingt-cinq ans, un tel besoin de m'accomplir que j'avais occulté presque toutes les épreuves sur mon parcours.

En relisant ce résumé de mon existence, j'ai compris que je n'avais jamais pris le temps de regarder en face et encore moins de nommer ce que j'avais affronté. Les mots *racisme*, *sexisme*, ne faisaient pas partie de mon vocabulaire. On m'a appris à franchir les obstacles sans états d'âme, à en oublier la douleur. Les hommes qui m'ont abîmée et ma collection de trahisons m'ont parfois fait plus de mal que ma condition sociale et ethnique, mais aucun de ces événements, ni ma propension naturelle à la dépression (je n'accepte ce mot, « dépression », que depuis peu) ne m'ont jamais fait quitter des yeux l'objectif de ma vie : vivre de ma cuisine, prendre soin de mes petits et zapper tout le reste.

Tout est remonté, les pressions sexuelles multiples que j'ai dû écarter, les humiliations en cuisine, la violence sociale, celle des banques, la précarité qui s'incruste, les chagrins d'amour, l'amour tout court, et le reste.

J'ai aussi vu resurgir les moments de grâce : mon enfance à Cotonou, mes rêves d'Europe, mes enfants qui, sans le savoir, m'ont sauvée cent fois de la noyade, mon frère qui m'a toujours soutenue de près comme de loin, ma famille restée à Cotonou mais toujours à mes côtés, les hommes et les femmes de ma vie qui m'ont aimée et soutenue, les merveilleuses rencontres qui m'ont fait progresser, les fêtes avec les équipes en cuisine, ma joie indescriptible à l'annonce de l'étoile Michelin, le travail, beaucoup de travail, et la chance.

J'ai d'abord souhaité changer tous les noms de mon histoire pour protéger ma famille et mes enfants, pour me préserver moi aussi sans doute. La formule « histoire inspirée de faits réels » m'allait bien. Libre à chacun d'y reconnaître qui il voulait. Il s'agissait donc au départ d'une fiction, mais les événements en ont décidé autrement, et aujourd'hui mon histoire devient un récit autobiographique. Je ne cacherai donc aucun nom ou presque, en tout cas pas le mien. Mes deux éditrices m'ont témoigné une telle confiance et un tel enthousiasme que je me lance. Pour le mettre en forme, avec Olivier nous avons décidé de continuer sur notre lancée. C'est comme en cuisine finalement. J'ai les ingrédients, j'ai le menu mais avec mon coauteur la dégustation se fera dans le bon ordre, pour être plus digeste. Vous voyez ?

J'ai fait lire à mes enfants les quinze premières pages de résumé de ma vie, où des événements très intimes sont racontés. Inutile de vous dire que si l'un d'entre eux avait émis le moindre doute, vous ne seriez pas en train de tenir ce livre entre vos mains. Sans leur accord, je ne serais pas allée plus loin. Leurs réactions à la découverte de la « vie secrète » de leur maman ont été bouleversantes, je vous les raconterai. C'est donc aussi grâce à eux que ce livre existe.

Ce récit où j'ai décidé de ne rien cacher, vraiment rien, provoque déjà chez moi un tsunami intérieur. Malgré plusieurs psychothérapies, j'avais rangé de nombreux événements et prénoms aux oubliettes en espérant ainsi les faire disparaître. Ça ne marche pas. Je suis aujourd'hui à un moment important de ma vie de femme. J'ai bientôt 50 ans, je dirige les cuisines d'un restaurant étoilé et d'un bistrot, et j'ai en outre la chance d'exercer parfois mon métier dans des lieux étonnants à travers le monde, de côtoyer des gens qui ne cessent de m'impressionner.

Pour appréhender la suite de mon existence avec un peu plus de sérénité, j'ai besoin plus que jamais d'être totalement en paix avec moi-même, avec mon histoire.

Ouvrir un nouveau chapitre, j'en suis là. Il sera forcément tourné vers la cuisine, et géographiquement il se déroulera à Paris, à Marseille ou ailleurs, et aura au moins un pied au Bénin, mon pays, celui que j'ai quitté à 22 ans pour la France. Avant d'ouvrir ce nouveau livre, je dois regarder en face mon passé, l'accepter, en souffrir encore sûrement, mais le dépasser surtout. Bien sûr, c'est banal d'écrire que des mémoires sont une sorte de thérapie, mais c'est vrai. Ce livre sera, je le sais déjà, le « premier geste du reste de ma vie », comme le dit (presque) la chanson d'Étienne Daho.

Je sais qu'il y a des millions de femmes comme moi, déracinées par choix ou par obligation, confrontées à des situations difficiles et accrochées à un idéal. Peu importent le métier ou la vie dont nous rêvons. Le chemin pour y parvenir est bien souvent d'une certaine violence. Si aujourd'hui c'est mon tour de parler, alors je veux le faire en hommage à toutes celles qui n'ont pas cette chance.

Zongo
Cheffe Georgette
Les Nanas Benz

Revenir où tout a commencé, disais-je, c'est revenir à Zongo, le nom du quartier où nous habitions, à Cotonou. Si vous regardez une carte de la ville, Zongo, en venant du commissariat central et en allant vers l'OCBN (Organisation commune Bénin-Niger des chemins de fer et des transports), c'est la troisième VON (voie orientée nord) à gauche. Vous le voyez maintenant ?

J'ai vécu les dix-huit premières années de ma vie dans une maison chic mais discrète qui faisait office d'exception dans ce quartier populaire. Nous étions entourés d'une large communauté de Béninois du Nord, dans une partie de la ville qui abrite encore aujourd'hui la grande mosquée de Cotonou et le marché aux moutons.

Je suis maintenant devant la maison, ou ce qu'il en reste. Les images remontent. J'étais déjà revenue il y a une quinzaine d'années. La maison était louée alors, et j'avais pu la visiter. C'était l'annexe d'un ministère. Les chambres étaient transformées en bureaux, mais les portes demeuraient identiques et les cuisines n'avaient pas bougé. L'agencement était le même et je pouvais m'y « retrouver ».

Cette fois, ce n'est plus pareil. Un instant, j'ai même cru que le bâtiment avait été rasé. En réalité, ils l'ont transformé en entrepôt, empli de balles de vêtements.

Je n'ai pas pu entrer dans la propriété. Je suis restée dans la voiture, comme tétanisée, sous le choc. Des images brouillées sont remontées à la surface comme sur un écran de télé fatigué, des flash-back qui se mêlaient, des moments de vie, des images de pièces, des couleurs, des odeurs. C'était très déstabilisant. J'ai manqué d'air puis je me suis reprise et j'ai demandé au chauffeur de rouler. Impossible, quand on ne l'a pas connue, d'imaginer cette maison telle qu'elle a été pendant plus de vingt-cinq ans. Ma mère me dirait que j'accorde trop d'importance à des futilités, que le passé est derrière nous et qu'il faut avancer.

On devine à peine le quartzite[1] de l'Atacora de la façade, qui est totalement délabrée. La plaque avec l'inscription du nom de ma grand-mère a disparu.

1. Matériau exporté par le Bénin et qui sert à l'intérieur ou à l'extérieur des maisons.

Quand je vivais là, le nom de Georgette Houngbadji épouse Monteiro accueillait tous les visiteurs.

Grand-Maman a construit cette résidence au début des années 1970. C'était une très grande maison avec un tout petit jardin.

À l'étage, deux portes. À gauche, une porte capitonnée qui ouvrait sur un salon magnifique puis sur une grande terrasse avec une partie salle à manger. Au plafond, un lustre surplombait la grande table en merisier. Tout le long du mur, un grand vaisselier en verre et merisier abritait la vaisselle en porcelaine et l'argenterie. Accrochés dans toute la pièce, des tableaux de maîtres dans le style Van de Velde. Dans le salon, un autre lustre, un guéridon en fer forgé et marbre, un canapé en velours vert mi-Chesterfield mi-Malabon, des fauteuils assortis, une télévision encastrée dans un autre meuble, un bar en forme de globe terrestre.

À droite de l'escalier, une porte en bois annonçait la cuisine, entièrement habillée de Formica orange. On utilisait cette pièce, la gazinière, le réfrigérateur et l'évier donnant sur le jardin uniquement pour envoyer les plats quand il y avait des repas VIP à l'étage. Au fond de la cuisine, une dernière porte donnait accès à la terrasse. Parfois, le service se séparait en deux, pour deux ambiances différentes, celle du salon capitonné et celle de la terrasse ouverte sur le ciel.

Le couloir du salon desservait d'un côté la chambre-suite de ma grand-mère et de l'autre trois chambres inoccupées, celles de tonton Roger et tonton Gabriel qui vivaient avec leurs femmes à Cotonou, et celle de tanti Marianne, mariée elle aussi et vivant en France. Un balcon longeait toutes les chambres et faisait le tour de l'étage avant de se terminer sur la terrasse du salon. Ma mère, tanti Pauline et tanti Rita étaient en bas, comme nous, les enfants.

L'arrière de la maison abritait le quartier des domestiques, un magasin de stockage et un étage « pas fini » où nous allions jouer et étendions le linge sur de longues cordes. Depuis les fenêtres de ce dernier étage, je pouvais observer la vie des maisons voisines, leur cour, et même parfois leur salon.

Cette maison, c'était celle de Georgette, ma grand-mère et personnage essentiel de ce livre, de ma vie. Elle était la cheffe de notre famille mais elle fut aussi, avant cela, la cheffe de sa propre fratrie. Une cheffe dans tous les sens du terme. Georgette Monteiro était une cheffe d'entreprise coriace mais discrète, respectée dans toute l'Afrique de l'Ouest et même au-delà, et surtout un être doté d'un sens du commerce extraordinaire. Fervente catholique, qu'il pleuve ou fasse un soleil de plomb, elle ne ratait sous aucun prétexte une messe le dimanche ni un chemin de croix le vendredi.

Au Bénin, la réussite financière vient presque toujours du commerce, et Georgette y a excellé. Elle reste, aujourd'hui encore, une femme exceptionnelle, une de ces commerçantes béninoises parties de rien et qui ont bâti un empire commercial de leurs propres mains.

On surnommait ces femmes d'affaires les Nanas Benz parce qu'elles roulaient toutes en Mercedes. Pour en avoir côtoyé quelques-unes, je dirais que ma grand-mère, malgré ses grosses berlines, affichait à la différence de ses camarades une vie sociale très sobre, une élégance loin d'être tape-à-l'œil. Dans la vie de tous les jours, elle n'avait pas le côté expansif de certaines de ses amies Nanas Benz, le « parler fort ». C'était une femme silencieuse, qui avançait tel un bélier dans le monde des affaires, le regard tourné vers Dieu. La religion catholique a toujours été très importante dans ma famille, et en tant que cheffe de clan, Georgette montrait l'exemple. D'ailleurs, dans mon souvenir, ses lectures à la maison étaient essentiellement bibliques.

Dans ma mémoire, elle a toujours été seule, je n'ai pas connu mon grand-père, mort jeune dans un accident de voiture. À l'époque, elle est déjà maman de sept enfants dont des jumeaux, Pauline et Pierre qui décéda à l'âge de 7 ans.

Jeune veuve, elle n'a eu d'autre choix que de prendre son destin en main. Sa vie professionnelle commence sur les marchés d'Abidjan avec la vente de crevettes fumées. Abidjan est en Côte d'Ivoire, loin de ses bases béninoises à Cotonou. Entre les deux villes, il y a 800 kilomètres de route, via la nationale 1. À titre de comparaison, imaginez-vous une commerçante ambulante marseillaise partant vendre en voiture ses poissons fumés chaque semaine au marché de San Sebastian au Pays basque espagnol.

Pour Georgette, il y a vingt heures de route pour rejoindre le marché, et après quelques jours sur place, c'est pareil pour le retour. On ne peut mesurer avec les codes d'aujourd'hui le courage de nos ancêtres.

Georgette sent tout de suite que la crevette fumée a ses limites. Pas d'avenir, pas de rentabilité et donc pas de potentiel de développement. Elle doit trouver autre chose et cherche l'inspiration dans ce poumon économique qu'est le marché d'Abidjan. Les marchés sont le cœur de la vie commerciale de l'Afrique, là où tout se passe, s'échange et se construit.

Elle écoute, s'intéresse, et discute beaucoup avec les commerçantes plus expérimentées qu'elle.

Elle oublie donc les crevettes et s'intéresse au tissu. En regardant autour d'elle et en parlant avec les femmes du marché, elle se rend compte que les Béninoises d'Abidjan n'ont pas beaucoup de choix pour s'habiller comme elles le voudraient. Or elles sont très nombreuses. Georgette flaire la bonne idée commerciale et, une fois revenue à Cotonou, signe un accord avec le plus grand fabricant de tissus de la région. Elle en devient la représentante exclusive en Afrique. C'est le début d'une formidable aventure économique. L'import-export fera sa fortune et celle de la famille pendant des décennies. Elle vendra toutes sortes de marchandises mais surtout des cigarettes, des alcools et du wax. Je me souviens en particulier du Ricard, dont la marque s'étalait partout sur des centaines de gadgets stockés dans les hangars de l'entreprise avant d'envahir les marchés d'Afrique de l'Ouest. À la maison, nous avons donc eu droit à tous les *goodies* Ricard, mais aussi aux cadeaux des marques de cigarettes Sovereign, que distribuait ma grand-mère. Il y avait dans le hangar une magnifique mobylette, une Piaggio aussi rouge que les paquets de Sovereign, qui me faisait de l'œil. J'avais eu le droit de la conduire après mon brevet. J'étais devenue, dans Cotonou, la fille à la Piaggio rouge.

Comme toutes les cheffes d'entreprise du monde du commerce, ma grand-mère restera toujours à l'affût des nouveaux marchés à conquérir, en voyageant beaucoup.

Toute la famille, et bien d'autres, travaillaient pour elle. Ma mère et ses frères et sœurs avaient tous un rôle dans l'entreprise, en plus d'une activité à côté : le prêt-à-porter pour enfants pour maman et sa sœur Pauline, et du côté de mes tantis et tontons, on avait un patron de supermarché, un prof d'université, une gérante de bar, une patronne de salon de couture et un informaticien devenu chef d'un big band.

Le nom de l'entreprise était Sopexi.

Le siège était en plein cœur du marché aux fripes à Missebo, dans un quartier habité par les Ibos, une ethnie nigériane qui se trouve être celle de mon père, dont je vous parlerai plus tard. Au départ, Grand-Maman s'était installée à cet endroit car l'immobilier était moins cher. Plus tard, nous aurions pu déménager vers une zone plus résidentielle mais cela ne s'est jamais produit. Georgette a toujours voulu maintenir l'entreprise et sa maison dans le quartier populaire où l'aventure avait commencé.

Elle était extrêmement respectée. Dans mes souvenirs, nous étions très tranquilles. Personne ne venait jamais ennuyer Georgette.

Ses semaines s'articulaient autour de quelques priorités : le travail, l'église, le jardin, les réceptions à la maison, le village de mon arrière-grand-mère qu'elle visitait dès qu'elle le pouvait, et encore et toujours, le travail. Lorsque j'avais une dizaine d'années, elle avait créé, au siège de l'entreprise, une boulangerie que nous adorions mais qui baissa vite le rideau car l'import-export accaparait toute l'énergie de la famille. Ce n'était pas une boulangerie avec pignon sur rue. Il s'agissait, à l'arrière d'une boutique, d'un immense four à pain construit pour l'occasion.

On n'y fabriquait d'ailleurs que du pain, et aucune gourmandise ni viennoiserie. Des « bonnes femmes » (expression locale) venaient deux fois par jour pour acheter le pain qui sortait du four, remplir leur panier et partir dans les rues pour le vendre à la criée. J'adorais cette odeur qui embaumait tout l'espace, et je me faufilais aussi souvent que possible tout près des fours pour observer les boulangers strier le pain et le tapoter, le retourner avant qu'il ne soit enfourné. Ensuite, je regardais à travers la vitre du four géant, et j'observais la transformation des pains au contact de la chaleur. Dans ma mémoire ça n'était pas loin de la magie.

J'aurais adoré mettre la main à la pâte littéralement, mais c'était hors de question. J'ai eu le droit de la goûter crue mais je préférais largement le pain une fois cuit et encore un peu chaud. La plupart des gens détestent la mie, moi j'adore, surtout chaude. S'il y avait un bout de beurre qui traînait, je ne résistais jamais à une tartine de pain chaud couverte de beurre. J'ai encore le goût et l'odeur en moi. Aujourd'hui, j'ajouterais de la fleur de sel.

Dans le Cotonou de l'époque, je dois reconnaître que notre train de vie était assez fastueux, mais pas bling-bling. Le personnel était fourni : blanchisseur, repasseur, cuisiniers, femmes de ménage, chauffeurs, vaguemestre, et le quotidien entre les femmes de la maison était franchement joyeux. Nous nous déplacions en voiture avec un chauffeur également chargé de la sécurité des enfants lorsqu'il nous emmenait en ville ou à l'école.

Chaque jour après les cours, lorsque le répétiteur n'était pas à la maison, le rituel était le même pour les petits-enfants. Nous nous rendions tous à Sopexi pour faire nos devoirs en silence. Pendant la séance de travail, je peux vous assurer que ça ne rigolait pas du tout. Ensuite, nous rentrions à la maison pour une séquence très réglée : bain, préparation des affaires pour le lendemain, un peu de télévision parfois, le temps que « les mamans » rentrent, et hop, tout le monde au lit. J'ai eu la chance de vivre une enfance et une adolescence dans des conditions matérielles très privilégiées, mais surtout entourée de beaucoup, beaucoup d'amour, sans démonstration ni effusion. Jamais de « je t'aime », de grands gestes ni de grands mots, mais nous avions conscience de notre chance avec mon petit frère Carlos et Myriam, ma cousine germaine.

Tous les matins, le pain de la fameuse boulangerie Sopexi était livré par Elie, le fidèle assistant de ma grand-mère. Certains jours, nous avions droit à des viennoiseries – pains aux raisins, croissants – achetées à La Caravelle, la meilleure boulangerie-pâtisserie de l'époque. Un vrai luxe. Carlos les rapportait à l'école et partageait avec ses copains de classe. De mon côté, j'en aurais bien fait autant, mais le temps d'arriver à l'école il n'en restait plus grand-chose. Parfois, ma mère allait à l'église très tôt, et sur le chemin du retour elle achetait des « yovo doko », de *yovo* qui veut dire *toubab* (Européen, Blanc) et *doko* pour « beignet », des beignets à base de farine de blé, une farine venue d'Occident, la farine de l'homme blanc. J'adorais ça. Le matin, ils accompagnaient toutes sortes de bouillies, pour un petit déjeuner typiquement béninois. L'après-midi, les mêmes beignets, s'il en restait, se consommaient tels quels ou saupoudrés d'un peu de sucre. J'en frissonne encore.

Était-ce une jeunesse dorée ? Ça m'en a tout l'air. Jamais Georgette ni maman ni qui que ce soit d'ailleurs ne prenaient d'air supérieur. Nous vivions dans la religion du travail, mais jamais loin de celle de l'Église. De toute ma vie, je n'ai jamais vu ma grand-mère prendre le moindre jour de vacances. L'été, nous ne quittions quasiment jamais le Bénin car il fallait faire tourner les affaires. Nous sommes tout de même allés quelques étés à Abidjan ou encore au Togo, mais la plupart du temps nous étions chez nos cousins ou chez mon arrière-grand-mère pendant que les parents travaillaient.

Je ne me rappelle pas avoir entendu une seule fois quelqu'un se plaindre. C'était un rythme normal. Mes copines dont les parents avaient les moyens partaient en vacances en France ou aux États-Unis mais, de notre côté, seuls Grand-Maman et parfois « les mamans » ou mes oncles voyageaient aussi loin, et souvent pour affaires. Ma mère et ma tante se déplaçaient de temps en temps pour le prêt-à-porter, et chaque année pour les fournitures scolaires, à l'approche de la rentrée. Elles revenaient presque toujours avec des cadeaux. Je me souviens de toutes ces poupées de chiffon à la peau noire coiffées de locks, des véhicules télécommandés, des Game Boy ou encore des circuits de trains. Je les attendais en sautillant de joie, tout comme les enregistrements sur cassettes vidéo des émissions jeunesse de la télé française. J'ai donc moi aussi grandi avec *Club Dorothée*, *Récré A2*, *Goldorak* et *Candy*. Grâce à ma grand-mère, je voyageais aussi par procuration avec une collection de timbres et de pièces de monnaie du monde entier qu'elle complétait à chaque aller-retour.

Toute jeune, j'ai travaillé dans l'entreprise familiale, parfois pour porter un rouleau de tissu ou un verre d'eau, mais j'avais toujours un rôle.

Nous recevions souvent à la maison. Nous comprenions que la bonne marche des affaires n'allait pas sans ces dîners à la fois détendus mais souvent protocolaires. En cuisine, Grand-Maman donnait le la, puis maman et mes tantes préparaient le repas, aidées des domestiques. Souvent, le week-end, toute la famille était convoquée à la maison de Zongo. Une fois le menu établi, les préparatifs commençaient la veille, voire l'avant-veille. Courses, répartition des rôles et premiers gestes en cuisine. Pour la pâtisserie, les commandes étaient passées à La Caravelle, pour le pain et les glaces, à La Gerbe d'or. Avec Aux Délices, c'étaient les trois boulangeries-pâtisseries les plus en vue de Cotonou. Entre les réceptions professionnelles, les anniversaires et autres communions et moments en famille, la cuisine était souvent en ébullition les week-ends. Georgette ne cuisinait plus, mais elle avait transmis l'ensemble de ses connaissances et de ses secrets à ses enfants et orchestrait à distance. Elle savait parfaitement déléguer. Elle avait donné ses consignes, tout le monde savait ce qu'il avait à faire et tout se déroulait dans une ambiance joyeuse et concentrée. Moi je naviguais entre les femmes de la famille et leurs postes de travail, attirée par les odeurs des aliments bruts et des plats en cours de préparation. Ce sont des odeurs très différentes. Un poulet à peine égorgé que l'on trempe dans de l'eau chaude pour le plumer n'a pas la même odeur qu'une fois mariné et sur la braise. Un mouton que l'on vient de tondre et dont on a brûlé les derniers poils a une odeur de cuir animal chaud que je reconnaîtrais entre mille, et lorsqu'on l'éviscère, l'odeur est forte mais pas rebutante. Enfin, lorsque démarrent les cuissons, c'est encore une autre histoire. Tout commençait toujours par de l'oignon, de l'ail, du gingembre et du poivre dans un peu d'huile chaude. C'était la base de l'assaisonnement, et l'odeur de ce mélange montait aux narines. Juste après, les effluves de gombo, de sauce feuille ou encore de barbecue pour le poulet et le poisson braisé prenaient le relais.

La cuisine portait aussi en elle une musicalité : des bruits, les sons des différentes cuissons, la découpe, l'épluchage, les condiments écrasés à la meule, la friture, le charbon qui crépite lorsque le feu prend. Je pourrais raconter chacun de ces environnements sonores. Il y avait toujours de la musique provenant de la radio ou du tourne-disque, souvent de la salsa, mais aussi Julio Iglesias, de la variété française et un peu de jazz. J'étais déjà très sensible à ces bruits et j'ai grandi avec cette musique.

De mes 4 ans à mes 18 ans, j'ai assisté à la préparation de milliers de repas. Je ne posais pas vraiment de questions, j'observais, j'écoutais et j'enregistrais tout dans ma mémoire, car le cahier de recettes n'existait pas pour maman. Tradition orale sans doute.

Durant l'enfance, nous ne jouions quasiment jamais dans la rue pendant la journée, et je ne vous parle pas des soirées. C'était interdit.

Ce n'est que vers 15 ans que nous avons eu le droit de sortir sans être accompagnés. L'un de mes premiers « actes forts » a bien sûr été de traverser la rue devant l'entreprise. Sur le trottoir d'en face, j'entrais dans un autre monde, celui de la friperie, une sorte de caverne d'Ali Baba. J'étais au milieu de tous ces gens qui venaient du même endroit que mon père et j'avais l'impression d'un vrai sentiment d'appartenance, j'étais comme eux. À l'école, j'entendais depuis longtemps certaines de mes copines raconter leurs virées à la friperie située en face de nos bureaux, et moi qui passais tous les jours sur le site, je n'y avais encore jamais mis les pieds. Au Bénin, il n'y avait pas de chaînes de magasins à l'occidentale. On pouvait, certes, trouver du prêt-à-porter, mais pas pour toutes les bourses et surtout pas toujours à la mode. Alors quand on souhaitait s'habiller comme en France ou aux États-Unis sans trop se ruiner, on allait dans les friperies de Missebo. On y trouve des vêtements de seconde main, vintage ou pas. Je me lançais rarement à l'aventure. Souvent, avec mes amies, nous faisions un repérage de modèles sur un magazine féminin, sur un catalogue de La Redoute ou des 3 Suisses, et d'une manière générale sur tout ce qui venait de France, avant d'aller au marché choisir le tissu qui va bien : la bonne couleur et la bonne matière. Il y avait des tailleurs à tous les coins de rue qui fabriquaient les vêtements que vous vouliez avec plus ou moins de talent. Il fallait choisir les adresses. Nous le faisions de manière très aléatoire, et au fur et à mesure des erreurs, la sélection des bons tailleurs s'opérait. Dans ma famille, on n'échappait pas à cette règle, à la différence près que nos tenues « occidentales » étaient achetées en France et donc de « première main » et de marque : le luxe suprême. Bien sûr, nous avions également des vêtements cousus par les meilleurs tailleurs et couturiers, ou par deux de mes tantes : Pauline, qui venait travailler à domicile, et Théodora, la sœur de ma grand-mère, qui fut longtemps une couturière de référence pour les femmes de l'élite béninoise.

Je me souviens des questions de mes copines :

– Mais tu achètes où tes fringues quand elles ne sont pas cousues ?

– Bah, c'est ma mère qui les rapporte de voyage, ou alors dans les prêts-à-porter.

Je ne m'étendais pas sur le sujet car j'avais un peu honte. Je les enviais plutôt de pouvoir aller dans les friperies et compléter leur garde-robe.

J'imaginais aussi mes copines qui s'étaient rendues avec leurs parents en Europe, déambulant de magasin en magasin pour acheter leurs vêtements. Le prêt-à-porter européen avait un goût d'inaccessible, et j'avais l'impression qu'elles avaient eu toute liberté pour choisir leurs tenues, en gambadant dans les rues de Paris, libres et autonomes, comme dans les films. En réalité, elles obéissaient comme moi à leurs parents qui décidaient pour elles.

Ma première virée à Missebo en face de Sopexi reste encore gravée. Des allées très étroites et des échoppes collées les unes aux autres. Des gens qui vous touchent pour vous tirer vers leur étal tout en vous collant au nez des échantillons qui sentaient l'odeur du tissu au contact du fer à repasser à charbon. Vous savez, celui fabriqué en fer forgé avec un manche en bois et la représentation d'un coq.

Voilà ce que j'entendais le plus souvent en passant devant les étals :

– Tu veux jean collant ? (Toujours avec l'accent nigérian.)

Traduction simultanée : Tu veux un jean moulant ?

Derrière, il y avait toujours un gars qui scandait :

– *One thousand change – Five thousand change!*

Je n'avais pas su décrypter ce qu'ils disaient les premières fois. En gros, ils faisaient savoir en arpentant les allées du marché qu'ils avaient besoin de monnaie sur 1 000 francs CFA ou 5 000 francs CFA pour rendre la monnaie à une cliente qui attendait devant leur étal.

Il fallait faire très attention aux hommes qui tiraient des charrettes à toute allure. Ils prévenaient de leur arrivée avec un petit *« ago »* puis *« agooooo » « ago ago »* qui voulait dire « pardon », « pardoooon », « pardon pardon »…

On se plaquait alors contre un étal pour ne pas se faire érafler. Une vraie fourmilière emplie de balles de fringues qui attendaient d'être triées. Ces ballots de vêtements compressés faisaient environ un mètre cube. C'est le procédé pour la vente en gros de friperie.

Ici ou là se glissait une vendeuse de beignets, ailleurs un stand pour le riz ou les haricots, un tailleur affairé à son ouvrage ou encore quelqu'un qui se faisait faire des nattes. Un vrai bazar, mais très bien organisé. Ce n'était pas dangereux, néanmoins les pickpockets sévissaient régulièrement.

Je sais que la découverte de ce quartier populaire et foisonnant a été, pour la jeune fille protégée que j'étais, une étape importante de mon émancipation. Le quartier de Dantokpa était encore différent. Le plus grand marché à ciel ouvert d'Afrique de l'Ouest. En langue fon, *dan* veut dire « serpent », *to* signifie « eau, lagune, mer », et *kpa* « à côté, près de ». En d'autres termes, c'est le marché sur les bords de la lagune de Dan. Le bazar s'étend sur plus de dix hectares, avec un bâtiment central et des centaines de blocs qui l'entourent. Le commerce s'articule autour de l'alimentation en passant par la bijouterie, la quincaillerie, la poissonnerie, la droguerie, la cosmétique, le prêt-à-porter et j'en passe. Un des poumons de Cotonou.

C'était ma première sortie dans le monde, dans la vraie vie de ma ville et de mon pays en dehors de mes obligations familiales et scolaires.

Georgiana au tableau
Histoire-géo
Leçon d'anatomie

Maman m'emmenait à l'école aussi souvent que possible lorsque j'étais en primaire. Je n'étais pas très à l'aise quand le chauffeur s'en chargeait parce que ma mère disait qu'il n'avait pas une conduite rassurante. En revanche, j'adorais les parcours en voiture avec ma mère. C'était un moment seule à seule, et surtout j'aimais bien sa conduite ferme et assurée. Nous étions scolarisées à l'EFE Montaigne, la seule école française du pays, la meilleure, enfin c'est ce que nous pensions.

Je dois vous avouer quelque chose. De l'école maternelle jusqu'à la quatrième au lycée français de Cotonou, j'ai toujours été convaincue que mes ancêtres étaient gaulois, et à Montaigne personne ne m'a contredite. À la maison, on parlait français (la langue officielle) et on restait très connectés à l'Hexagone. Une partie de ma famille y vivait et nous envoyait les cassettes vidéo des films américains, des westerns et des films français avec Alain Delon, Jean-Paul Belmondo, Louis de Funès et Claude Gensac, Lino Ventura, Coluche, Cary Grant, Romy Schneider, Demi Moore, Whoopi Goldberg, Michel Galabru, Daniel Auteuil et toute la troupe des *Sous-Doués* ou encore celle du Splendid. Mes héros et héroïnes de cinéma ont donc été les mêmes que ceux des boomers français.

Je parle de la France parce qu'elle était très présente, mais je veux absolument vous raconter en quelques lignes mon pays. Je ne suis pas historienne, donc je ferai court, c'est promis. Le Bénin au départ est constitué de trois royaumes qui seront réunis sous le nom de Dahomey par décision française. Au XVIIIe siècle, des villes sont annexées par les Européens et le Bénin devient fournisseur d'esclaves. Mon grand-père maternel s'appelait Monteiro. Les bruits ont couru que ce n'était pas le nom d'origine de ses aïeux, raison pour laquelle avec les autres Monteiro que j'ai pu croiser plus tard nous n'avions en commun que notre nom. Le nom d'origine a été remplacé après qu'il a découvert que l'un des aïeux avait été un envahisseur portugais négrier.

À la fin du XIXe siècle, le Bénin actuel passe, non sans résistance, sous protectorat français et devient la colonie du Dahomey qu'on surnommera plus tard le « Quartier latin de l'Afrique » pour son développement scolaire et culturel réussi en Afrique occidentale. La colonisation durera soixante ans.

En 1960, mon pays accède à une indépendance sous influence française, traverse deux coups d'État avant de devenir en 1975 la République populaire du Bénin, un régime marxiste-léniniste, puis la République du Bénin, notre démocratie actuelle. Je me souviens de ce jour de février 1990, j'avais 12 ans et demi, Cotonou était suspendue aux résultats de la conférence nationale qui devait abroger la Constitution et instaurer un nouveau régime transitoire, avant des élections présidentielles. J'ai compris que notre monde allait changer, j'étais heureuse et soulagée, sans véritablement mesurer les enjeux des événements qui se déroulaient. Quand souffle le vent de la liberté, on le sent, même à 13 ans à peine, et même si on ne fait pas de politique.

Le Bénin est donc globalement un pays stable, avec des incidents « isolés » dus à une présence marginale du djihadisme. Deux touristes français ont été enlevés en 2019 au nord du pays puis libérés par les forces françaises. Ces événements ont terni l'image du pays et ont empêché le Bénin de développer le tourisme sereinement. La réserve naturelle de la Pendjari et plusieurs infrastructures hôtelières dans le nord du pays, proches des frontières du Burkina Faso et du Niger, ont fermé leurs portes. Pour autant, le gouvernement en place déploie beaucoup de moyens pour faire du Bénin une destination touristique culturelle, cultuelle et gastronomique. Cela me réjouit, mais tout le monde reste prudent et attentif.

Voilà en gros notre héritage, avec une France qui a toujours gardé un œil sur nous, et inversement. Je ne me prononce pas plus avant. Je connais les effets de la colonisation et l'importance de l'indépendance à laquelle je suis viscéralement attachée. Je suis béninoise et je sais où sont mes racines, mais je suis aussi devenue française de cœur et j'en suis très heureuse. Je ne crois pas être la seule à vivre sereinement deux cultures et deux nationalités.

Mon école m'a appris le français comme à des millions de Béninois. Le Bénin a une langue officielle, le français, héritée de la colonisation, et plusieurs langues nationales dont les trois principales sont le fon, le bariba et le yoruba. Ma langue maternelle est le fon, avec quelques bribes de yoruba, la langue de mon grand-père maternel, une des langues les plus répandues chez les commerçants et le nom d'une ethnie. C'est aussi la langue commune à la frontière du Nigeria. Ma mère n'a pas voulu nous enseigner le yoruba, même si elle parlait cette langue avec Georgette. Je ne maîtrise donc pas finement le yoruba.

Je suis née en 1977, en pleine époque marxiste, mais je n'ai jamais entendu parler de politique à la maison. Grand-Maman faisait des affaires et évitait, je crois autant que possible, d'entrer dans les cercles du pouvoir, même si quelques hommes très importants sont venus dîner le soir, sans que je connaisse ou qu'on me dise leurs noms malgré mon insatiable curiosité. Il y a certainement des choses que j'ignore, mais je sais que les débats politiques n'ont jamais occupé les discussions familiales outre mesure, si ce n'est pendant les campagnes électorales, après l'avènement de la démocratie, pour nous enjoindre à accomplir notre devoir citoyen : voter. Je commençais de mon côté à avoir l'âge des premières convictions politiques.

Le Bénin a aussi une singularité qui me parle tout particulièrement, et en tant que femme issue d'une famille matriarcale, je ne peux pas l'oublier. Nous sommes le pays des amazones. Jusqu'au début du XXe siècle, elles ont représenté jusqu'à un tiers de l'armée du Dahomey. Elles étaient plus de 5 000 femmes guerrières, réputées pour leur courage et leur puissance. Le pays n'a mis en lumière cette incroyable exception que récemment, et j'y ai vu, après coup, un effet, chez nous comme ailleurs, d'une volonté patriarcale de ne pas trop en faire sur ces femmes surpuissantes.

Depuis juillet 2022, *L'Amazone*, une immense statue de 30 mètres de haut, trône sur la place éponyme à Cotonou. Cette statue me rappelle que ma famille, dirigée par une femme conquérante elle aussi, a peut-être un patrimoine génétique historique à revendiquer. Après tout, je suis peut-être une descendante d'amazones. J'adore cette idée.

J'ai d'ailleurs proposé que l'on fasse apparaître la statue sur l'étiquette d'un pastis que je suis en train de créer avec des saveurs provençales et béninoises. C'est ma manière de rassembler l'histoire de Marseille et de Cotonou, mon histoire.

À l'école comme à la maison, je suis, paraît-il, d'un caractère assez affirmé. Je sais ce que je veux, je le réclame et je dis ce que je pense de manière un peu trop directe.

J'adore l'école, j'aime être au premier rang, mais je tiens aussi à être première au classement, ce qui n'arrive malheureusement pas toujours même si, pendant toute ma scolarité, j'étais parmi les meilleures élèves de mes classes. Côté pile, je prends la parole aisément et avec plaisir, côté face, je suis une bavarde impénitente et compulsive. Toujours quelque chose à dire, souvent quand il faut se taire. Sur mes bulletins, je me souviens de ce mot : « Bavarde », souligné trois fois à l'encre rouge.

Mon côté volontaire s'exprime aussi avec les garçons. Mon premier fiancé, que je choisis et nomme officiellement sans vraiment lui demander son avis, est dans ma classe de moyenne section de maternelle. J'en choisis un autre au CP, et un troisième en sixième. Je suis alors sensible aux garçons discrets voire effacés, un peu intellos, sérieux et très « propres sur eux ». Des Petits Lord Fauntleroy béninois ! En sixième, il s'appelait David, et j'ai mis de longs mois avant de lui parler franchement :

– Je veux bien sortir avec toi…

Il m'a regardée froidement et m'a répondu :

– Moi je veux pas.

Grosse leçon de modestie. Nous avons malgré tout continué de nous parler, mais je me souviens de cette douche froide qui avait calmé mes ardeurs et mes certitudes.

L'enfance est aussi l'âge des découvertes un peu plus radicales. Je dois avoir 9 ans, je suis toujours à l'école française. Barnabé est un élève de ma classe. Il n'était pas vraiment beau, avec une dentition imposante et un grand sourire inexpressif. Il avait l'air d'être beaucoup plus âgé que nous et avait dû redoubler au moins dix fois. Il aimait parler aux filles et son sujet de prédilection était son *mangala*. On entendait ce mot très souvent dans les rangs ou à la récré. Il nous demandait si on savait ce que c'était, et nous on ne savait pas quoi répondre. Nous étions en CM1 ! À force de l'entendre, mais surtout en observant ses gestes nous indiquant de manière assez explicite son entrejambe, nous avons fini par comprendre. Imaginez un groupe de jeunes filles innocentes contraintes de faire face à un sujet dont elles ne connaissaient rien… Tellement gênant ! Nous étions toutes exaspérées par la ritournelle de Barnabé sur son *mangala*. J'ai donc décidé de prendre une initiative, un peu trouillarde quand même, mais je devais nous défendre, mes copines et moi. J'ai foncé tout droit sur lui et, pendant une récréation, devant mes copines, je lui ai parlé franchement, la voix sans doute tremblotante :

– Barnabé, il faut que tu arrêtes de nous parler toute la journée de ton *mangala*. Si tu continues à nous mettre mal à l'aise avec ton truc, je vais m'en occuper et il va lui arriver des choses que tu ne vas pas aimer.

Je n'avais aucune idée de ce que j'allais pouvoir faire, et surtout je ne prenais absolument pas la mesure de ce que je disais. J'ai réfléchi deux secondes :

– Maintenant, ça suffit, ou je vais te le couper.

Silence de mort dans la petite assemblée. Emportée par mon élan, mes mots avaient totalement dépassé ma pensée. Je n'avais aucune intention de couper quoi que ce soit, et surtout pas ce genre d'appendice que je n'avais jamais vu de près.

Saisi d'effroi, Barnabé est resté sans voix et a tourné les talons, un peu sonné. Aujourd'hui, quand j'y pense, je me dis que je suis allée trop loin, mais on ne pouvait pas laisser passer. Je crois qu'il cherchait simplement à se faire des amies, mais il s'y prenait très mal et ça nous gênait vraiment beaucoup, même moi qui jouait l'indifférente.

Le sport était ma vraie passion. Je m'engageais à fond dans tout ce qui se présentait, le handball, le volley-ball, le lancer de poids que j'adorais mais que j'ai fini par abandonner de peur de me transformer en lanceuse est-allemande sous stéroïdes, le saut en hauteur et la corde. J'ai même tenté le tennis et l'équitation, et j'ai adoré la natation. Piscine tous les samedis, minimum. Ces sports, à l'exception de la natation, céderont la place au basket à partir de la troisième et jusqu'au début de l'université.

Je me jetais aussi sur toutes les activités extra-scolaires possibles, la peinture sur soie, le catéchisme, le chant à la chapelle de l'hôpital universitaire, le piano.

Hyperactive ? Ça m'en a tout l'air.

Découverte de l'amour

C'est samedi, il fait chaud. J'adore cette journée de la semaine, déjà parce que l'école est finie, mais surtout parce que je sais que les activités vont s'enchaîner, et tout particulièrement une, la piscine. J'adore l'eau, et ma séance de natation est toujours le meilleur moment du week-end.

Je me prépare à la maison. Comme à chaque fois, j'enfile mon maillot avant de partir, pour ne pas avoir à me déshabiller dans le vestiaire. Lorsque j'arrive, je pose mon sac sur un des transats abrités d'un parasol. Je retire mes tongs, mon jean et mon T-shirt. Je me rince. Il y a deux bassins : le petit et le grand. Je me poste devant le grand, j'attache systématiquement mes cheveux avant de rentrer dans l'eau. Ils sont longs, très longs même. J'ai toujours la même routine : je réajuste mon maillot au niveau des fesses (je n'ai jamais mis de deux-pièces), je vérifie que la voie est dégagée et je plonge. Je me laisse tracter jusqu'à ce que je n'avance plus et je finis à la brasse jusqu'à toucher le bord de l'autre côté. Je sors la tête de l'eau, je me retourne et m'appuie sur le rebord. À cet endroit-là, personne n'a pied. Arriver en début d'après-midi a un gros avantage : il y a peu de monde et le niveau sonore est supportable. Je regarde autour des bassins à la recherche d'un visage ami. Personne.

Mon regard croise celui d'un inconnu qui me fixe. Il est grand et visiblement plus âgé que moi, il a peut-être même 20 ans. Je me surprends à ne pas savoir comment me tenir, mais je vois bien qu'il me regarde. Je me sens à la fois gênée et émue par l'attention qu'il me porte. C'est la première fois, me semble-t-il, qu'on me regarde comme ça. Je disparais sous l'eau et déjà plein de questions me traversent l'esprit alors que je rejoins l'autre côté de la piscine. Je sors la tête de l'eau en regardant vers le haut et il se tient là, debout, au bord, comme s'il m'attendait. Je baisse les yeux et me dirige vers l'échelle. Je réajuste mon maillot et je sors, la tête haute. Je ne me suis jamais tenue aussi droite. Je me dirige l'air de rien jusqu'à mon transat. Je me sèche, et une fois assise je fais mine d'enfouir ma tête dans ma serviette, mais j'essaie de le localiser. Il est encore là, mais à un autre endroit. Je me rhabille et me dirige vers la sortie en regardant droit devant moi. Je le vois tout de même se lever brusquement et avancer. Il me rattrape.

– Bonjour, ça va ?

– Euh oui, ça va.

– Tu viens souvent ?

– Tous les samedis, et toi ?

– Moi un peu tout le temps. Je viens quand je veux, j'aime bien nager.

– Moi aussi … Bon ben, je vais rentrer.

– OK, au revoir, à samedi prochain alors ?

– Euh je sais pas… Oui à samedi.

Dans les jours qui suivent, j'y pense un peu. Jamais aucun garçon de cet âge-là ne m'avait adressé la parole, et en plus il m'a posé des questions. J'espère que je n'ai pas eu l'air trop bête. Je ne crois pas, enfin je ne suis sûre de rien. Peut-être que j'ai été nulle.

Je n'ai que 14 ans.

La semaine s'écoule et je repense à lui. Le samedi suivant, je suis de retour à la piscine, et lui aussi. Nous nous sourions et nous discutons de tout et de rien. Je nage moins longtemps. Il me donne son prénom, Eustache, en échange je lui donne le mien, Georgiana.

On se retrouve comme la dernière fois juste avant la sortie. On se dit au revoir et il se penche vers moi pour me faire une bise, non pas une bise, pour m'embrasser. Je ne m'y attends pas. Il insiste, pas violemment, mais il insiste. Je le repousse tout de suite, sans réfléchir. Il réagit :

– Tu ne veux pas m'embrasser ?

– Non, je ne veux pas, je ne te connais pas.

– D'accord, je comprends. Si tu veux, je peux te ramener chez toi, j'ai une voiture.

– Non, ça va aller.

– OK, à samedi alors.

Le samedi suivant, il est très gentil, et je me dis qu'il a juste essayé et qu'il a compris que je n'étais pas prête à l'embrasser. Il s'intéresse à moi, on parle de tout, de rien, des cours. Cette fois, j'accepte qu'il me ramène. Dans sa voiture je lui indique mon adresse. Il se gare une rue avant celle de la maison et nous discutons encore un moment. C'est agréable de parler avec un garçon plus âgé, on se sent plus mûre, plus intelligente, c'est flatteur et troublant à la fois.

Il pose sa main sur mon visage, puis sur mon genou. Je le laisse faire. J'ai oublié son insistance lorsqu'il a essayé de m'embrasser une semaine avant.

Eustache me propose de venir voir la maison où il vit.

– Rendez-vous mardi après tes cours à 18 heures près de chez toi, et je t'emmène.

Trois jours plus tard, émue et un peu tremblante, j'invente pour ma mère une visite chez une amie. C'est la première fois que l'enfant sage que je suis ment pour aller voir un garçon. À l'heure dite, je monte dans la voiture d'Eustache. Nous roulons un bon quart d'heure et nous garons à côté du stade de l'Amitié, le vélodrome local. Nous arrivons devant une grande maison qui me paraît presque sans vie lorsque nous y entrons. J'ai tout de suite froid, sans savoir pourquoi. Il me fait visiter les lieux. Dans les grandes pièces presque vides, des meubles sont recouverts de draps blancs comme si la maison venait d'être quittée. On avance dans un grand couloir et il ouvre la porte de sa chambre, comme si nous visitions une pièce de plus. Je ne me sens pas très à l'aise. C'est la première fois que je me retrouve seule avec un garçon dans une chambre. Je ne peux m'ôter de la tête l'idée que je fais quelque chose de mal.

– Installe-toi, ne reste pas là.

Sur la droite, en entrant dans la chambre, il y a le lit, et en face, une armoire, un bureau et une chaise. Pas de posters au mur. Je ne sais pas pourquoi, ça me frappe. La chambre est toute petite. Eustache ferme la porte. En revenant, il se penche vers moi et m'embrasse. Je n'ose pas le repousser, mais je lui dis :

– Non, je veux pas.

– Arrête Georgiana, on est là, tous les deux, tout va bien se passer.

– Je ne veux pas, je te dis.

– Laisse-moi faire, tout va bien se passer.

J'ai envie de hurler et de prendre mes jambes à mon cou, mais je suis pétrifiée. Dans mon souvenir, c'est une sensation épouvantable, comme si j'avais compris ce qui allait suivre et que je ne pouvais l'éviter. Dans ma tête, il y a aussi cette idée de ne pas me comporter comme une gamine.

Sa main me saisit et il m'assoit sur le lit. Il monte sur moi, une jambe de part et d'autre et m'allonge sur le dos. Je ne dis pas un mot. J'ai le souffle coupé. Je ne suis pas sûre de ce qui est en train de se passer. J'ai de vagues images de cinéma qui se bousculent. Ces scènes où les acteurs s'embrassent et se collent l'un à l'autre.

Il touche mes seins, me dit que je l'excite.

– Tu veux la preuve ?

Il prend ma main et la pose de force entre ses jambes. Il commence à me déshabiller de manière désordonnée.

Et là, j'ai un blanc. Mes souvenirs sont flous. Je crois que je criais, que je me débattais, mais est-ce que ça se passait dans ma tête ou en vrai ? Je me souviens de sa force. Je sais qu'il a baissé ma culotte, qu'il s'est allongé sur moi. Je me souviens de son regard, puis qu'il a essayé de m'embrasser encore. J'ai l'impression de m'entendre lui dire :

– Tu es vraiment en train de faire ça ? Tu es vraiment en train de me forcer ?

Mais je sais maintenant que je ne pouvais pas prononcer un mot.

Il essayait de faire passer quelque chose entre mes jambes. Je hurlais, je me débattais, mais plus j'y pense, plus je crois que j'étais inerte et que seul mon inconscient hurlait. Si mon corps s'était débattu, si le moindre son était sorti de ma bouche, il ne m'aurait peut-être pas forcée.

Il me semble me réveiller et redevenir consciente lorsque j'entends :

– Allez, prends tes affaires, je te ramène !

Je ne réponds pas. Je suis totalement silencieuse, mais je m'exécute. Au moment de sortir, je remarque que la porte avait été fermée à clé. Nous repassons dans ce couloir. J'ai mal partout. J'ai honte. D'abord de ne pas avoir assuré. J'ai quand même pensé : « Il doit me trouver nulle » ! Il presse le pas devant moi comme si on était maintenant dans l'urgence. Je ne sais plus quel jour on est, ni combien de temps nous avons passé dans cette chambre. Je remonte dans sa voiture. Sur le chemin, il me parle, mais je ne pourrais plus répéter un seul de ses mots.

Pourquoi ne m'a-t-il pas écoutée ? Pourquoi m'a-t-il fait ça ? Bien fait pour toi. Tu l'as bien cherché. Non je n'ai rien cherché. C'était une telle cacophonie dans ma tête. Je détestais avoir été si faible. J'aurais voulu revenir en arrière. Rembobiner. Je prie soudain pour que personne ne soit à la maison quand je rentrerai. Lorsque je passe le portail, j'évite la terrasse et le salon pour rejoindre ma chambre. Je ne veux surtout pas être vue. Je pose mes affaires et je vais directement dans la salle de bains. Je m'assois dans la baignoire et fais couler de l'eau chaude, très chaude. Je pose le pommeau sur ma tête et laisse couler l'eau longtemps. Je me refais le film de ce qui s'est passé un peu plus tôt. Je finis par me savonner et me frotter partout.

Je regarde en bas, vous savez, si je ne suis pas blessée. J'ai peur d'être blessée et de ne pas savoir à qui le dire si c'est le cas. J'ai peur d'avoir encore mal en y mettant de l'eau. Je n'ai pas de coupure, mais j'ai mal. Lorsque je finis par sortir de la baignoire, je me sèche, je me passe de la crème, je mets des sous-vêtements propres et un grand T-shirt. Je mets mes affaires sales en boule dans un sac que je fais disparaître sous mon lit pour le mettre plus tard à la poubelle. Je me glisse sous mes draps. J'ai besoin de sécurité.

J'entends ma mère m'appeler derrière la porte. Je passe la tête, encore allongée.

– Oui, c'est moi maman. Je suis crevée.

Une fois la porte refermée, je fonds en larmes. Je sais déjà que je n'en parlerai pas, j'ai trop honte. J'ai vraiment mal. Je fonce aux toilettes. Je m'assois, j'écarte les jambes et je m'examine. Pourquoi ai-je si mal ? Où exactement ? Que s'est-il passé ? Quand les douleurs vont-elles disparaître ? Est-ce qu'il est vraiment entré en moi ? Est-ce que je vais pouvoir oublier ?

Le lendemain, au collège, je me fais discrète, comme si ce que j'avais vécu pouvait se deviner sur mon visage ou à mon allure. J'ai encore mal.

La semaine qui suit, Eustache est stationné devant la sortie du collège. Il me salue de loin en souriant. Je frôle la panique et l'évite pour rentrer à la maison en courant. Je ne dors pas de la nuit. Le lendemain, il est encore là. Je ne peux supporter l'idée de le voir tous les jours me guetter à la sortie des cours. Je décide de raconter mon histoire à ma tante Rita qui a toujours été la femme la plus libérée de ma famille sur ces questions. Je lui fais jurer sur la Bible de ne rien dire à ma mère et de respecter ma volonté de n'en parler à personne. Mon amie Lolita m'accompagne. Elle sera la seule dans la confidence pendant longtemps. Je décris Eustache à ma tante. Elle me parle de contraception. Je ne sais pas quoi répondre. Elle va m'envoyer chez un de ses amis médecins pour s'assurer que je ne cours aucun risque de grossesse et surtout de MST.

Pendant plusieurs semaines, j'ai craint de l'apercevoir à la sortie des cours. Finalement, plus jamais je ne le croiserai.

Des années plus tard, ma tante m'a expliqué qu'elle l'avait retrouvé grâce à ma description, son prénom et quelques infos sur sa maison et le quartier où elle était située. Rita s'était rendue à la villa et y avait rencontré le père d'Eustache, un Blanc vivant au Bénin qui l'avait adopté. Elle avait juste un message à faire passer aux deux hommes. Après avoir expliqué au père ce qu'avait fait son fils, elle a ajouté que s'il tentait une seule fois de me revoir ou même de m'approcher, elle déclencherait les foudres de l'enfer sur eux deux. Elle dénoncerait Eustache à la police et poursuivrait le père et le fils en justice. Elle a respecté ma volonté de ne pas ébruiter cette histoire, que j'ai rangée dans un tiroir de mon cerveau, fermé à double tour.

J'ai attendu de longues années avant de faire l'amour pour la première fois. Ce n'est sans doute pas un hasard. Il avait cinq ans de plus que moi et je le croisais au sport. Il n'habitait pas loin de chez ma mère. Nous ne sortions pas du tout ensemble mais je me sentais rassurée avec lui. Lors d'une conversation, allez savoir pourquoi, j'ai décidé de me confier. Je lui ai parlé de mon agression. Il a été gentil et rassurant.

Quelques jours plus tard, nous avons décidé de « le faire ». J'ai un souvenir d'un moment suspendu, hors du temps. J'ai le souvenir d'un partenaire attentionné et doux, et d'un moment sans précipitation mais très intense. J'ai compris ce jour-là que je n'avais plus d'hymen. J'avais bien été pénétrée, violée.

J'ai tenté d'oublier mon viol pendant presque trente ans.

C'est en échangeant avec mon frère autour de ce livre que tout est ressorti. Je lui ai raconté ce que vous venez de lire et sa réponse a été étonnante :

– Je n'en reviens pas de ce que tu me dis, mais je ne suis pas surpris. Je me souviens très bien de ce jour-là, je t'ai vue sortir de la maison et je me suis douté de quelque chose. Je ne sais pas pourquoi, mais je t'ai suivie. Je t'ai vue monter dans une voiture et disparaître. Je n'ai jamais su ce qui s'était passé. Maintenant je sais.

Je garde pour moi ce que nous nous sommes dit ensuite.

École publique
Drapeau et uniformes

En plein milieu de mon année de quatrième, après les vacances de Noël, j'ai quitté Montaigne, l'école française, pour un nouvel établissement, public celui-là, le collège de l'Union, qui devait me mener jusqu'au bac.

Le collège de l'Union était « *the new school to be* » dans les lycées privés béninois. Une de ces institutions où on formait la future élite du Bénin. Grosse réputation, grande exigence et forte imprégnation des valeurs de la récente démocratie et de la grandeur de notre pays. Notre problème, à mon frère et moi, c'était que ma mère ne nous avait rien dit sur ce changement, pour éviter la confrontation, j'imagine.

Nous y voilà donc, presque en direct… Revivons ce moment familial !

Nous sommes le matin du jour de la rentrée, en janvier 1990. Je sors de la douche, je me prépare à courir vers l'école française et je vois sur mon lit et celui de mon frère un uniforme kaki.

– Maman ! Pourquoi il y a des kakis sur nos lits ?

Je connaissais ce...vêtement, puisque je voyais des enfants habillés ainsi et qu'on m'avait expliqué que c'était l'uniforme des écoles publiques.

– C'est votre tenue. Dépêche-toi de t'habiller, on va être en retard. Vous allez dans une nouvelle école.

– Quoi ? Maman ! On ne va pas à Montaigne ?

– Non, je vous ai changés d'établissement, vous allez à l'Union.

– Mais maman pourquoi ? Maintenant ? Tout de suite ?

– Dépêche-toi, on va être en retard !

Je ne me souviens pas de mon sentiment à cet instant, mais avouez que la méthode est légèrement surréaliste. Évidemment, j'ai obéi, mais dans la voiture j'ai posé mille questions, restées sans réponse. Ma mère est cette femme qui fait attention aux moindres détails de notre vie, mais qui annonce une décision comme celle-là sans aucune forme de discussion. C'est brutal parfois, mais ça a le mérite d'être clair, et cela m'a habituée à encaisser les chocs et respecter l'autorité sans trop broncher.

Je connaissais ce collège de nom, mais je ne fréquentais personne qui y était scolarisé. Nous arrivons donc devant un établissement que nous n'avons jamais vu.

– Voilà, c'est votre nouvelle école.

Franchement, quand j'y repense, c'est assez violent.

Arrivée au collège de l'Union, c'est le choc des cultures. J'y découvre la cérémonie du lever du drapeau béninois qui aura lieu chaque lundi matin avec interprétation de l'hymne national. À l'époque, je ne connaissais que *La Marseillaise* de l'école française. À l'Union, nous sommes donc en uniforme : longue robe informe de couleur kaki pour les filles, short ou pantalon avec chemise à manches courtes pour les garçons, et nous travaillons beaucoup. Je trouve le rythme beaucoup plus soutenu qu'à l'école française. C'est une nouvelle leçon d'humilité qui m'oblige à me remettre en question et à bosser davantage, et mieux.

Maman me dit qu'un an après mon arrivée, elle était souvent convoquée chez le directeur de l'Union à propos de mon rapport aux garçons que, paraît-il, je frappais régulièrement. Que pouvais-je réellement leur faire ? Je ne sais pas, j'ai l'impression qu'elle invente pour charger mon dossier. Je ne pense pas les avoir véritablement agressés, mais peut-être étais-je en concurrence avec eux. Je n'en ai aucun souvenir, après tout c'est peut-être vrai. Avec la conscience et la mémoire retrouvées de mon viol, qui a eu lieu la même année, j'y vois aujourd'hui un lien. Mes rapports compliqués avec les garçons ont peut-être été la traduction inconsciente de mon traumatisme, et si je les ai frappés du haut de mes 14 ans, c'était sans doute pour les punir de ce dont je ne parvenais pas à parler, un moyen pour moi de continuer à vivre à peu près normalement. J'ai aussi le souvenir d'avoir cultivé une forme de « virilité ». Je me coiffais comme Michael Jackson, je m'inspirais de la couverture de *Thriller*, sur laquelle il portait une veste blanche. MJ a été un de mes artistes préférés. Je l'écoute moins aujourd'hui.

Dès que je le pouvais, j'étais en jean, baskets, casquette des Chicago Bulls, T-shirt large. Mais pour les boums, je restais une « vraie » fille.

Dans ce nouveau collège, mon côté cheffe de bande et mon côté rebelle ont trouvé le moyen de s'exprimer sur le sujet de l'uniforme que l'école nous imposait. Avec quelques amies, nous ne supportions plus de porter chaque jour cette chose informe couleur kaki qui avait tout d'un sac de pommes de terre mais rien d'une tenue scolaire dans un collège réputé. En réalité, nous voulions juste être mieux habillées. Très vite, j'ai entendu parler d'un groupe qui militait discrètement pour le retrait du kaki et j'ai participé aux réunions pour dire, moi aussi, ma volonté de nous débarrasser de cette torture. Nous n'étions pas foncièrement contre l'idée d'une tenue commune, mais sûrement pas celle-là. Nous avons donc effectué quelques recherches et proposé un nouveau look, ou plutôt un code couleur. Ce qui serait retenu, ce serait une tenue bleu nuit en bas, et blanche en haut. Les élèves étaient libres de choisir leurs vêtements, à condition qu'ils respectent cette règle. Il a fallu plus d'un an, des discussions et des négociations sans fin avec la direction de l'école et ses différentes commissions pour parvenir à nos fins. J'étais, nous étions toutes, très fières d'avoir acquis le droit d'être moins mal fagotées en allant travailler tous les matins. À cet âge-là, c'était important pour nous. Je peux donc revendiquer avec mes amies cet immense progrès stylistique au collège de l'Union, un de mes premiers combats sans doute.

C'est à cette époque que l'entreprise de ma grand-mère connaît de grosses difficultés économiques et que la période faste de notre famille donne des signes de déclin. Les règles du commerce sont sans doute en train de changer, mais surtout des banquiers peu scrupuleux et une mauvaise association vont mettre l'empire de Georgette à mal. On est, d'une part, en pleine explosion de la mondialisation et, d'autre part, l'arrivée si précieuse de la démocratie au Bénin a fragilisé voire stoppé des écosystèmes présents depuis très longtemps. Avec le nouveau gouvernement élu, beaucoup d'anciens membres du régime marxiste-léniniste se retrouvent en prison ou en exil. D'autres parviennent à passer entre les mailles du filet. C'est le lot de chaque changement de régime. Économiquement, les comptes des banques sont gelés pour éviter l'évasion de capitaux. Je me souviens aussi d'avoir compris que de nombreux banquiers, avant de quitter leur poste, avaient détourné cet argent pour eux-mêmes. Des entreprises, des particuliers se sont donc retrouvés ruinés, avec des comptes vidés comme par magie. C'est en partie ce qui a fragilisé la situation de ma grand-mère. Je n'en sais pas vraiment plus, mais je sais que l'empire familial s'est écroulé. Mes oncles et tantes sont peu loquaces sur cette période. Personne ne sait, ou personne ne veut parler. Cela cache sans doute des moments douloureux.

Ma grand-mère a tenté une reconversion dans le négoce de produits alimentaires, mais a reçu une énorme quantité de riz de mauvaise qualité qui a achevé de la mettre sur la paille. L'entreprise a fini par fermer. Après mon bac, ma grand-mère s'est exilée à quelques kilomètres de Cotonou, dans une grande banlieue qui ressemblait à l'époque à une vraie campagne, Akassato, où ma mère habite aujourd'hui.

Ce fut la fin de la grande époque de Georgette. J'observais les événements avec mon regard d'adolescente qu'on a préservée des mauvaises nouvelles. Notre train de vie a changé, bien sûr. L'air conditionné a cédé la place à des brasseurs d'air au plafond, il ne restait plus qu'un chauffeur et une domestique mais, pour être tout à fait honnête, je n'en ai pas senti les effets jusqu'à mon bac.

Au collège de l'Union, les années passaient, et mon adolescence se déroulait sans crise majeure, en dehors de ce revers de fortune dont je sais peu de choses. J'ai découvert les premières amourettes, le travail, un peu plus acharné qu'à Montaigne, le théâtre, les séances de balayage le vendredi, les soirées de fin de semestre, les tableaux d'honneur, la chaleur dans les classes (pas de clim à l'Union, contrairement à l'école française), les nouvelles amitiés et les coups de palmatoire chez le préfet de discipline.

Je m'arrête un instant sur le palmatoire : cette sorte de planchette en bois servait à nous punir en cas d'irrespect des règles disciplinaires. Nous devions tendre les deux mains, paumes vers le haut, et notre bourreau n'avait plus qu'à user de sa force pour les frapper avec son objet de torture. C'était légal, mais nous étions tout de même dans les années 1990, pas au XIXe siècle…! Même si je suis tout à fait en faveur de l'instauration d'un cadre pour l'éducation des enfants, je suis certaine que les taper ne peut en rien les aider, mais qu'à coup sûr, cela les traumatise. Plus que le palmatoire auquel je n'ai eu droit qu'une fois, c'est la corvée de balayage que je ne comprenais pas. Tous les vendredis soir, deux ou trois élèves devaient à tour de rôle rapporter un balai artisanal traditionnel et balayer la classe avant de partir en week-end. Un surveillant s'assurait que le travail était bien fait.

À l'époque, j'étais encore en lien avec mes amies restées à l'école française à l'autre bout de la ville. Lorsqu'on se retrouvait et que je leur racontais la nature de nos punitions, elles n'en revenaient pas.

J'ai eu mon bac sans difficulté mais, contrairement à mes amies privilégiées, je ne pouvais plus m'inscrire dans une faculté française ou anglaise faute d'argent. J'ai vite compris que, de toute façon, ma mère ne l'aurait pas envisagé même si elle en avait eu les moyens. Elle voulait me garder près d'elle. Je me suis donc inscrite à la fac de Calavi pour un double cursus droit et anglais. Je dois sans doute cette vocation à ma prof d'anglais de sixième. Je me rappelle lui avoir expliqué à l'époque que cette langue m'intéressait, mais que je ne voulais surtout pas être prof, un métier trop sédentaire. Elle m'a alors parlé des métiers de la traduction et de l'interprétariat avec passion. J'ai encore en mémoire ses mots et leur effet sur moi :

– Avec la traduction et l'interprétariat, tu peux voyager et, surtout, tu peux côtoyer des personnes que tu ne rencontrerais jamais autrement. Tu n'auras qu'à travailler ton vocabulaire.

Traductrice-interprète, je m'y voyais déjà, dans les grandes salles de conférences en train de parler dans les oreilles de personnages importants. Cette gymnastique me faisait rêver.

En même temps que l'anglais, j'ai épousé le droit. C'était pour faire plaisir à ma mère qui m'imaginait embrasser les relations internationales. Pour y parvenir, il me fallait passer par le droit, mais j'ai abandonné à la fin de la première année.

La vocation de l'interprétariat se confirmerait quelques années plus tard, lorsque je rencontrerais une interprète professionnelle de conférences. Ma voie était tracée. Aujourd'hui, avec le recul, je pense que ce désir d'étudier l'anglais vient aussi de mon père, anglophone de naissance, qui a très tôt disparu de ma vie. Il est probable qu'étudier sa langue natale était aussi un moyen de me dire que, quand je le reverrais, la langue ne serait plus une barrière.

J'ai donc commencé mes études au Bénin, mais je savais déjà que je voulais les poursuivre ailleurs, à la Sorbonne. Je trouvais cette perspective ambitieuse, mais à ma portée.

Avec la nouvelle situation économique de la famille, j'ai compris que j'aurais assez peu de soutien financier et il me fallait gagner de l'argent pour préparer discrètement mon départ. J'ai alors trouvé un job chez Omani, une chocolaterie créée par Christel A., une jeune Béninoise revenue d'Europe après ses études. Elle avait tout de suite créé son entreprise et la menait avec une énergie contagieuse. À l'époque, sa chocolaterie faisait déjà beaucoup parler d'elle à Cotonou. Nous nous sommes rencontrées et elle m'a accueillie tout de suite avec enthousiasme et exigence. J'ai adoré cette période. J'étais chargée de trouver des idées pour augmenter le chiffre d'affaires et, dès le départ, Christel et moi nous sommes divinement entendues. Entre les cours, je travaillais avec passion, j'avais une tonne d'envies et de projets pour le magasin, et une patronne qui les écoutait. Une vraie chance. Pour vendre plus de pâtisseries par exemple, j'ai proposé d'importer la tradition de la Saint-Valentin au Bénin. Lors d'un voyage universitaire à Accra, à la Saint-Valentin précédente, j'avais découvert que les anglophones en faisaient une réelle fête. La jeune adulte que j'étais avait adoré ces cartes de vœux immenses vendues pour l'occasion, et j'ai convaincu Christel d'en importer dans sa chocolaterie pour cette première édition de la fête des amoureux. L'opération a immédiatement été un franc succès. Je prenais des initiatives et je dessinais beaucoup de logos pour d'autres fêtes commerciales que nous organisions : en gros, je jouais à la marchande version grandeur nature et ma patronne me suivait. Grâce à cette expérience, j'ai gagné des points de confiance en soi et j'ai mis les mains dans la pâtisserie, un métier d'une vraie complexité.

Le premier homme

À la fac, je rencontre un garçon. Il a cinq ans de plus que moi, c'est un étudiant brillant, un scientifique, curieux et vif. Il s'appelle Éric, il est un peu petit (je préfère les très grands) mais avec un vrai caractère dans le visage. Il m'arrête littéralement dans la rue. Il me parle d'une amie en commun, une technique d'approche vieille comme le monde. Je ne le crois pas. Je suis certaine de ne l'avoir jamais rencontré avant, mais je le trouve tout de même charmant. Évidemment, il me demande mon numéro de téléphone, technique d'approche numéro deux. Comme je n'ai pas de portable, et plutôt que de lui donner le numéro de la maison familiale, je lui indique mes horaires de travail à Omani, la chocolaterie. Il va très vite venir me voir, et mes journées seront rythmées par ses visites. Pendant de longues semaines, nous nous verrons après mes services à la chocolaterie. J'adore nos sorties et nos conversations sans fin. Éric parle très bien, avec des mots choisis. Je suis impressionnée autant que séduite par sa culture.

Ce qui était une relation amicale et tendre prend ensuite des allures de coup de cœur. Notre histoire devient passionnelle et fusionnelle dès le premier baiser. C'était ma première vraie relation, pleine et entière, avec des sentiments puissants, des envies de s'enfuir à deux, et un désir ravageur. J'ai découvert l'amour et le sexe en même temps. Quelle chance !

Il m'a appris beaucoup de choses sur moi, sur mon corps et plus largement sur ma féminité. Grâce à lui, je me suis réconciliée avec mon enveloppe corporelle. Avant Éric, je ne me trouvais pas belle. Il m'a convaincue que je l'étais.

Nous nous challengions également intellectuellement : lectures, musique, théâtre, spectacles. J'ai bien essayé de le convertir au sport, mais sans succès. Cette période reste encore pour moi extrêmement aérienne. Les débuts d'une histoire d'amour sont toujours beaux, mais celle que je vivais avec Éric a tout de suite eu un goût d'éternité.

Nous nous sommes très vite projetés dans l'avenir comme on le fait à 20 ans, avec un enthousiasme et une confiance inébranlables, une énergie inépuisable. Tout semblait simple, évident et désirable. J'étais amoureuse, lui aussi.

Nous passions le plus de temps possible à deux et nous nous retrouvions souvent au Centre culturel français de Cotonou. À l'époque, on disait « le CCF » et aujourd'hui c'est l'Institut français, qui existe encore.

C'était « un lieu où régnait un printemps permanent » pour reprendre les mots d'Éric. Il disait aussi ce genre de phrases :

– Le CCF, c'est l'endroit où toutes les passions contraintes par les conservatismes locaux sont libérées, où tous les talents ont une scène pour s'exprimer, où toutes les idées peuvent converser, se disputer, se réconcilier, converger.

Je vous ai dit qu'il parlait bien ! L'écouter était une de mes activités favorites, le toucher aussi, j'étais dingue d'Éric.

C'est au CCF que j'ai vu Cesária Évora et MC Solaar en concert pour la première fois. C'est là où, avec Orphéon, une chorale laïque dans laquelle nous chantions Éric et moi, nous nous sommes produits en concert pour la première fois.

J'y ai approfondi mes lectures, vu des expos, des films, des pièces de théâtre. C'était l'endroit où l'on pouvait croiser des artistes locaux où internationaux « sans barrières ».

Le Centre culturel français était une ouverture, pas seulement sur la France mais sur le monde, avec une très grande place laissée aux artistes béninois.

Un lieu vivant où la nourriture pour l'esprit était servie à discrétion, comme un buffet à volonté.

J'aimais aussi le jardin verdoyant, le poumon de l'endroit. Tout est encore là aujourd'hui, mais plus rien n'est visible de l'extérieur. Ils ont érigé un immense mur autour du centre alors que, dans mon adolescence, on devinait de l'extérieur quelques tableaux exposés dans l'entrée et on apercevait des têtes dans la médiathèque.

Je lisais beaucoup de romans et de BD. J'ai relu les *Tintin*, les *Astérix*, *Lucky Luke*, tout ce que j'avais pu égarer dans les bibliothèques de la maison. Je me souviens aussi de *XIII* et de *Largo Winch*, et côté littérature Agatha Christie, *Le Parfum* de Patrick Süskind, la poésie de Baudelaire. J'écoutais aussi beaucoup de musique. Mon premier contact avec la voix sexy de Barry White a eu lieu là, dans un choc émotionnel et sensuel, et j'avoue qu'aujourd'hui encore Barry me donne des frissons.

Éric m'a fait découvrir Maria Callas, il a nourri et complété mon goût pour le jazz et m'a fait entrer dans l'œuvre de Bob Marley.

Je nous voyais comme les nouveaux Bonnie and Clyde, les crimes en moins. Comme c'était bien…

Mon histoire avec Éric a pris une place énorme dans ma vie. Je peux même dire qu'elle l'a dévorée. Je plongeais dans l'âge adulte avec quelques mots clés : la liberté, l'amour et le sexe à outrance.

Ça ne pouvait pas durer longtemps. La réalité allait me rattraper.

Je ne prenais pas de contraception, grande erreur. Avec un cycle menstruel irrégulier, je suis tombée enceinte à deux reprises et j'ai recouru à l'avortement. Nous avons gardé cela pour nous. Éric, qui m'a toujours accompagnée dans ces moments très durs, n'était pas fier. Il était impossible d'avorter légalement. J'avais toujours en moi ce réflexe de me cacher de mes parents et de quiconque pourrait me reconnaître. Nous avons donc dû, comme des milliers de jeunes couples, pratiquer des avortements clandestins. Il me reste des images, comme par flashs. Je suis derrière Éric sur sa moto dans la nuit noire et nous roulons vers je ne sais plus quelle « clinique ». Nous avons pris de gros risques, je le sais aujourd'hui, et j'ai toujours un sentiment de honte, comme une gamine qui a fait une très grosse bêtise et qui craint d'être démasquée et punie. Éric ne m'a jamais lâchée. Je le considérais comme l'homme de ma vie et j'étais rassurée de traverser ces épreuves à ses côtés. C'était notre secret. Ça ne l'est plus maintenant.

Avec ses cinq ans de plus que moi, Éric avait de l'avance dans ses études, et il a fini au Bénin sa maîtrise de mathématiques, avant de décider de poursuivre des études en ingénierie informatique en Allemagne. Il était impossible pour moi d'imaginer vivre à 6 000 kilomètres de lui. Je savais déjà que j'allais le rejoindre, mais pas quand. Le minimum était d'achever ma licence. La perspective de passer quelques années loin de lui m'était très douloureuse. J'ai parlé à ma mère de ma volonté de partir vite et je l'ai sentie plus que distante sur le sujet. Elle refusait catégoriquement que je parte en Europe.

– Mais pourquoi maman, POURQUOI ?

– Tu ne sais pas ce que c'est que Paris, ces millions de personnes et le danger qui rôde à chaque coin de rue. Je ne veux pas que tu te retrouves seule là-bas, que tu te fasses agresser, enlever peut-être. Tu ne sauras pas te défendre face à tous ces inconnus.

Il me restait du temps avant d'envisager concrètement mon départ. Je devais finir ma licence, mais j'ai tout de même parlé de mon projet à ma famille, des oncles et tantes m'ont soutenue et promis de m'aider dans la mesure de leurs moyens. Ça m'a fait du bien. À l'époque, j'en ai beaucoup voulu à maman. Je ne pouvais pas comprendre qu'elle tentait juste de me garder près d'elle pour me protéger. La jeunesse est ingrate.

En attendant, j'ai continué à travailler à la chocolaterie et Éric, installé en Allemagne, m'appelait dès que possible. Nous parlions beaucoup du moment où nous nous retrouverions tous les deux en Europe. Son souhait était que je vienne en Allemagne faire mes études près de lui, mais personnellement je pensais déjà que la France et Paris étaient une meilleure option.

Et pour moi, depuis le Bénin, la France et l'Allemagne étaient tellement voisines que se retrouver ne serait qu'une formalité. C'était presque une cohabitation.

J'ai donc achevé ma licence d'anglais à Cotonou. J'avais économisé le plus possible sur les salaires de la chocolaterie et j'avais un peu d'argent de côté. À cette occasion, je me suis rendu compte, en convertissant les salaires de Cotonou en francs français, qu'ils étaient encore plus faibles que ce que j'imaginais. Je m'attendais à avoir une somme confortable et je me retrouvais, avant de partir, avec juste assez d'argent pour tenir quelques semaines.

Le jour de mon départ, c'est un de mes oncles qui m'emmène à l'aéroport. Ma mère n'est pas là. C'est difficile. Je ne comprends pas pourquoi elle n'est pas venue. Elle me manque et j'ai besoin de son regard, même en colère. Je pleure beaucoup dans la file d'attente qui me mène pas à pas vers l'embarquement, vers l'Europe, vers mes rêves.

Jusqu'au bout, ma mère ne change pas d'avis, mais je comprendrai plus tard que, n'ayant pas vraiment le choix, elle a fini par se faire à l'idée de mon départ. Elle ne me donnera pas un sou, comme pour me rappeler qu'elle n'est pas d'accord avec cette décision. En revanche, en ouvrant ma valise à Paris, je découvre qu'elle y a glissé en douce des vêtements qu'elle a confectionnés sur mesure et des produits du Bénin que j'aime.

Rien ne remplace l'amour d'une mère.

Je vois cela comme une sorte de validation discrète. Une façon de dire, sans prononcer aucun mot : « On est ensemble, je t'accompagne. »

Je t'aime maman.

La voie Romaine
Papa où t'es
Les racines du mâle

Romaine, c'est ma mère. C'est très banal de dire ça, mais elle est mon alpha, mon socle, mon origine. Plus je mûris, plus je prends conscience de l'importance qu'elle a eue dans tous les domaines de ma vie, construisant mon équilibre, nourrissant mon caractère et ma force. Sa discrétion et son exigence, mais aussi ma jeunesse et l'égoïsme de mes 22 ans, ont eu tendance à occulter tout ce qu'elle a entrepris pour nous porter, mon frère et moi, le plus haut possible. Aujourd'hui je sais, et chaque jour un peu plus, que toute sa vie a été consacrée à notre réussite. Je sais aussi qu'elle nous a laissés vivre nos rêves, et que ça n'a pas de prix. Maman, tout ce que j'ai entrepris et réussi, je te le dois en grande partie.

Romaine était une jeune femme de caractère, numéro trois de la fratrie et première fille des sept enfants qui la composaient. Elle avait un rêve, devenir assistante sociale. Elle fera des études jusqu'au bout, jusqu'au diplôme. Le jour où elle devait connaître son affectation, l'examinateur lui a fait comprendre que, pour avoir un poste, il fallait coucher avec lui. Romaine a refusé à deux reprises, et à la troisième tentative du professeur elle l'a giflé. C'en était fini des rêves d'assistante sociale. Maman n'a jamais été nommée. Pas de recours possible. Le pouvoir opprimant des hommes l'avait emporté. Quand je pense à quoi tenait la carrière d'une femme qui avait une vocation et qui venait d'achever ses études, ça me rend folle, et je suis obligée de penser à toutes celles, qu'elles aient cédé ou pas, qui ont été menacées dans les mêmes circonstances. De toute évidence, ces pratiques étaient extrêmement courantes. C'est monstrueux. Pendant des années, j'ai ignoré cette histoire. Ma mère s'est laissée aller à quelques confidences pour ce livre, et je sais que ça n'a pas été simple pour elle de me livrer ce souvenir. Pour ça aussi, merci.

Elle a donc été contrainte de se tourner vers un autre métier. Avant de travailler pour l'entreprise de ma grand-mère, ma mère faisait les marchés. Elle se levait à 5 heures, revenait en début d'après-midi à la maison pour préparer le marché du jour suivant et s'occuper de nous.

C'est en travaillant qu'elle rencontre Sam, un bel homme, une sorte de voyageur de commerce nigérian, anglophone, élégant, hâbleur, charmant. Il n'en faudra pas plus pour séduire Romaine qui fait de lui son homme. Elle a 25 ans, et c'est tard en Afrique pour trouver un mari, mais celui-là, elle le tient. La famille de Sam est au Nigeria, et Romaine ne la connaîtra jamais vraiment. Ils se marient rapidement et elle découvre que son époux ne veut pas d'enfants. On ne sait pas vraiment pourquoi. Il doit avoir ses raisons et envisage même une vasectomie qu'il subira après notre naissance, à mon frère et moi. Je suis la première et l'aînée de tous mes cousins et cousines. Mon frère Carlos me suit à peine deux ans plus tard.

Nous ne connaissons pas vraiment notre père. Il est toujours parti, et même quand il est là, il est en vadrouille. Mes parents divorcent très tôt, à tel point que je n'ai aucun souvenir d'une vie de famille ou de mon père et ma mère ensemble. C'est un visiteur. Sam passe de temps en temps, entre deux voyages. Il nous apporte des cadeaux et il a toujours plein d'histoires à raconter. Il parle anglais donc nous aussi, ou plutôt on essaie de le suivre. Il sait dire quelques mots en français et je trouve que son accent est vraiment très romantique. Quand il est là, je le regarde, je le dévore des yeux même, et je veux vivre à 1000 % les moments qu'il partage avec nous. Il est beau, il parle bien, c'est un aventurier, et quand il est dans une pièce, on n'écoute que lui, surtout lorsqu'il nous fait de belles promesses.

– Je reviens bientôt, je vais rester plus longtemps, la prochaine fois on part en voyage ensemble, je vais vous emmener pendant que je travaille.

Il ne tient jamais ses promesses… jamais.

Je me souviens du jour où il a dit à mon frère Carlos :

– Demain, je viens te chercher et on part tous les deux. On va s'installer au Nigeria et tu vas faire ta rentrée scolaire là-bas. Sans vouloir manquer de respect à ta grand-mère et ta mère qui sont de sacrées bonnes femmes, il y en a assez de vivre au milieu d'elles. Nous allons vivre ensemble.

C'était un événement considérable pour mon petit frère. En perspective du jour de l'arrivée de son père, Carlos a préparé sa petite valise. Le jour J, il était fin prêt, habillé avec soin pour le grand départ. Il s'est assis sur la terrasse, sa valise posée à côté de lui, pour attendre son père.

C'était le soir. Quelques heures ont passé et tout le monde est allé se coucher, sauf lui. Carlos ne voulait pas quitter son poste d'observation. Je me souviens m'être dit : « C'est pas rien, il va nous quitter », mais dans la maison tout le monde se comportait comme si c'était presque un non-événement. Ma mère a prononcé une phrase du genre : « Tu vas vite revenir, mais je te souhaite que tout se passe bien. »

Ma grand-mère, silencieuse, l'a simplement béni. Il y avait un gardien dehors qui avait des instructions pour le laisser partir à l'arrivée de son père.

Il l'a attendu toute cette nuit-là.

Et il a gardé espoir. Le lendemain et le surlendemain, après l'école, il s'est habillé à nouveau, aussi bien que la veille, et est sorti à nouveau sur la terrasse avec sa valise pour attendre son père. Personne n'est venu. Sans doute ma grand-mère et « les mamans » (on désignait ainsi ma mère et ma tante) soupçonnaient-elles que Sam ne viendrait pas. Cela explique leur quasi-indifférence à ce départ qui ne se produirait jamais. Quelle cruauté.

Cette image de mon petit frère attendant mon père qui ne vient jamais reste pour moi une plaie ouverte. J'en ai parlé avec Carlos, et il me dit que lui, contrairement à moi, n'a pas été traumatisé par ce moment. J'aimerais le croire.

Ce jour-là, le jour de la promesse, c'est la dernière fois que nous avons vu notre père. J'étais en classe de première et mon frère était au lycée technique.

Je crois que j'ai toujours attendu mon père aussi, à ma façon. Il est parti lorsque j'avais 5 ans et je pense l'avoir vu, de toute ma vie, cinq ou six fois en tout et pour tout. Je pourrais toutes les raconter, j'ai toutes les images dans ma mémoire, mais je ne le ferai pas.

Maman m'a toujours parlé de mon père comme de quelqu'un que tout le monde aimait. J'en déduis qu'il avait une certaine aura ou un charisme particulier. Le revers de la médaille était que toutes les femmes tournaient autour de lui, et qu'il ne fermait pas les yeux devant la tentation, au contraire. Ma mère ne supportait plus d'avoir un mari « courant d'air » et séducteur quand il était présent.

Mon père faisait partie des Ibos, l'ethnie majoritaire du quartier de l'entreprise de ma grand-mère, Missebo. Dès que nous mettions le nez dehors, on nous interpellait avec un accent anglais/nigérian. Tous les Ibos savaient que nous étions les enfants de Sam.

– Tou é lé fille de Samouel nan? Jeau conné tou papa.

Le Nigérian qui parle français a un accent qui se rapproche de celui des Anglais et un petit quelque chose de cet accent caricatural des Blancs quand ils imitent les Noirs.

Il a ensuite disparu pour de bon, et pendant des années nous n'avons plus jamais entendu parler de lui, jusqu'au jour où mon frère et moi avons reçu un appel de sa famille, au Nigeria. Il venait de mourir. C'était l'année de mes 40 ans. J'ai pris le premier avion pour retrouver mon frère à Cotonou, puis la route pour le Biafra avec deux amis. Le voyage était épique. Je me souviens que nous nous sommes fait attaquer sur la route.

Lorsque nous sortons des zones urbaines, la route se dresse devant nous, interminable. Le paysage est quasiment toujours le même. Peu de voitures puis, tout à coup, un barrage de fortune. Le chauffeur arrête la voiture et nous demande de rester à l'intérieur. Plusieurs coups de feu retentissent, et nous comprenons vite qu'ils ont été tirés en l'air. Le chauffeur est d'un calme surprenant et se contente d'échanger avec le garde. Personne aux alentours. La tension monte dans la voiture. Nous sommes tous les trois silencieux. Carlos, mon frère, fait mine de descendre et je le lui interdis gentiment. Je ne peux m'empêcher de penser, à ce moment-là, que sur la route de l'enterrement de mon père je vais finir sous les balles au milieu de nulle part. Qui va prévenir mes enfants ? Ma mère ? J'ai pensé à ma mère qui nous avait interrogés sur la pertinence de nous rendre dans ce Nigeria dangereux. J'ai pensé aux deux amis qui étaient avec nous, leurs familles. Tout cela a duré quelques minutes. Je suis ramenée à la réalité par les cris du garde qui tape sur la voiture en parlant. On ne comprend pas vraiment ce qu'ils se disent, mais très vite nous voyons le chauffeur revenir à sa place. Le garde nous jette un regard un peu noir et nous fait signe de rouler. Le chauffeur dira juste une phrase :

– Ce sont des fous au Nigeria. Ne vous inquiétez pas.

Ça n'ira pas plus loin, mais il m'a été impossible de fermer l'œil jusqu'à l'arrivée. Au bout d'une dizaine d'heures depuis le départ de la frontière, nous sommes parvenus à destination.

Jusque-là, j'ai toujours pensé que nous avions eu de la chance, mais à l'occasion de nos entretiens pour ce livre, mon frère m'a expliqué qu'il avait pris un chauffeur qui avait l'habitude de cette route et savait maîtriser ce genre d'individus armés. Chez nous, on dit que ces chauffeurs ont des protections spéciales. Je n'en sais pas plus.

À Onitsha, notre point d'arrivée, nous avons dormi dans un hôtel. Le lendemain à la première heure, nous avons rejoint le domicile de mon père dans un quartier populaire. C'était une toute petite maison qui avait l'air d'avoir été passée au Kärcher. C'est là qu'il est mort. Nous sommes rejoints par deux de ses sœurs et des notables informés de notre arrivée. Nous sommes autorisés à faire un tour des lieux. Il n'y a plus rien dans le salon, la cuisine ou les chambres, comme si personne n'avait jamais vécu là. Il reste un sac plastique dans un coin de la terrasse, avec des papiers et quelques photos de nous et de mon père, comme je ne l'avais jamais vu. Je n'avais jusque-là que des photos de lui jeune. Là, j'ai pu le découvrir plus âgé. Toujours fringant.

– Est-ce qu'on va pouvoir aller se recueillir devant le corps ? ai-je demandé.

Pas de réponse.

À ce moment-là, un jeune homme s'est approché de nous. Il parlait français et nous a pris à part pour nous expliquer que le corps avait été brûlé, et que les cendres avaient été dispersées sur un terrain vague, une sorte de décharge juste en face de la maison. Il était mort du sida, après une trithérapie pas suivie sérieusement.

Cela faisait beaucoup de nouvelles d'un coup, et nous ne parvenions à avoir aucun détail sur le déroulement des événements. Pas de corps, aucune information étayée. C'était très dur. Carlos était fou. Il donnait des coups de poing dans le mur. Pour ma part, j'étais en larmes. Je me suis ressaisie et j'ai rejoint le groupe de personnes présentes. Mes tantes paternelles priaient dans la cour de la maison. Impossible d'en savoir plus. La situation est devenue insupportable pour nous. J'ai décidé de partir. J'ai cherché mon frère. Il était dehors, sur le terrain vague, les mains plongées dans la terre pour y chercher les « restes de notre papa ». Je ne sais plus comment décrire les sentiments qui m'ont envahie à ce moment-là.

– Carlos ! Carlos ! Arrête. S'il te plaît. Viens, on y va.

Il s'est relevé. Je l'ai serré dans mes bras. Il m'a montré le passeport de notre père.

– Sans doute ont-ils brulé le corps et toutes ses affaires par peur de je ne sais quelle contagion…

Nous ne le saurons jamais.

De retour à l'hôtel, nous avons pris conscience que l'on attendait de nous le règlement de nos chambres, bien sûr, mais aussi de celles de nos tantes. Nous avons compris que c'était sans doute la raison pour laquelle on nous avait demandé de venir : payer. J'avais pourtant été claire : s'il avait déjà été inhumé, je préférais ne pas me déplacer pour rien et envoyer l'équivalent de ce que m'aurait coûté le billet. Mais nous étions là, alors nous sommes restés dans cette ambiance un peu hallucinante, sans corps devant lequel se recueillir, face à un terrain vague où les cendres de notre père avaient été éparpillées comme un déchet de plus.

Je ne connais pas et ne connaîtrai sans doute jamais l'histoire de mon père. Beaucoup de légendes ont circulé. Il aurait vendu des armes, fait de la prison, vécu comme un prince puis comme un mendiant. Je suis repartie avec le sac plastique et deux ou trois photos. Durant le vol du retour, toutes les histoires qu'il nous avait racontées défilaient dans ma tête. Je ne peux pas démêler le vrai du faux et je ne veux pas le faire. J'ai décidé de le croire, mais ces récits sont tellement incomplets qu'il me reste un énorme sentiment de frustration. Nous n'avons jamais raconté ce triste voyage funéraire à ma mère, qui va le découvrir à la lecture de ce livre.

Je n'aurai jamais ces conversations fantasmées, en anglais, avec mon père. Ma mère avait dû avoir le même raisonnement que moi : me faire apprendre l'anglais comme trait d'union avec mon père. Je vous dis cela parce que l'apprentissage avait commencé à l'école primaire. Elle avait engagé une préceptrice, une Américaine venue vivre au Bénin. Elle était prof à domicile et m'a suivie une année entière pendant mon CE2. Elle s'appelait Mme Fabo et avait déjà une soixantaine d'années à l'époque. Je me souviens d'une belle et grande Afro-Américaine au teint clair, mariée à un Béninois. Elle venait presque toujours à la maison, mais nous nous rendions aussi chez elle, une petite résidence à deux pas de la place des Martyrs à Cotonou. Elle nous recevait dans son jardin où elle était assise dans un fauteuil à bascule et fumait la pipe. Je crois bien que c'est pour cette raison que je me suis promis de fumer la pipe, mais seulement à 50 ans. J'ai déjà les cheveux poivre et sel comme elle, il me manque la pipe et les 50 ans, mais ils arrivent, un peu trop vite d'ailleurs…

Je n'ai jamais vécu dans un milieu anglophone et pourtant, lorsque je parle anglais, mon accent est toujours remarqué par mes interlocuteurs, notamment les clients anglophones du restaurant. Les natifs me disent souvent que mon accent est parfait alors que je me trouve bien médiocre. C'est sans aucun doute à Mme Fabo que je le dois.

Mes parents ont divorcé lorsque j'avais 5 ans, la vie a donc continué sans mon père. Nous étions au chaud dans la grande maison des femmes Monteiro/Houngbadji (le nom de jeune fille de ma grand-mère).

Contrairement à mon père, fort heureusement, ma mère ne pensait qu'à ses enfants. Elle a toujours exigé le maximum de nous. Nous devions toujours atteindre le niveau le plus haut, dans nos études mais aussi dans notre comportement quotidien. Cette exigence et cette rigueur maternelles n'étaient jamais accompagnées de gestes de tendresse. Maman n'était pas démonstrative, mais avec le temps j'ai su pardonner l'absence de moments de douceur, de gestes d'amour. Je pense n'avoir jamais entendu les mots « je t'aime », mais je les ai vus et lus des milliers de fois dans tout ce que maman a fait pour nous.

Depuis quelques années, je me rapproche d'elle et me dis que nous avons des centaines d'heures de conversation à rattraper. Je suis partie en France à 22 ans, un âge où on ne pense qu'à soi, et pendant huit ans je ne suis pas revenue une seule fois au pays. À l'époque de mon départ, je voulais essentiellement suivre mon amoureux, mais au-delà de ça, au fond de moi, je me disais que je n'étais plus à ma place au Bénin.

Une fois en Europe, rien ne s'est passé comme prévu, vous le lirez bientôt, et j'ai eu honte. J'étais partie pour m'accomplir, mais je voulais aussi prouver à ma famille que j'étais capable de réussir dans mes études puis dans ma vie professionnelle. Il était impensable pour moi de rentrer ne serait-ce qu'une journée pour dire à ma mère que je n'avais rien à raconter si ce n'était une collection d'échecs. L'idée d'un tel retour était devenue un cauchemar dans lequel je me voyais lui dire :

– Tu as toujours voulu qu'on soit au top ? Eh bien j'ai été admise à la Sorbonne puis j'ai échoué parce que, quand j'ai su que j'étais enceinte, j'ai été incapable de mener mes études et l'arrivée du bébé de front. Je n'ai pas été à la hauteur.

C'était trop dur. J'ai préféré laisser 6 000 kilomètres entre nous en attendant sagement d'avoir quelque chose à « rapporter ». C'est elle qui est venue, plusieurs fois, quand j'avais besoin d'elle, et sans rien me reprocher.

J'y suis retournée pour la première fois en 2007. Je n'avais toujours pas de diplôme mais j'avais un mari (Patrick), un deuxième garçon magnifique, une famille dont je m'occupais plutôt très bien. Nous filions le parfait amour et j'avais des projets sérieux.

Par la suite, je suis revenue une fois tous les trois-quatre ans puis tous les deux ans, et maintenant une fois par an. Mes séjours sont trop courts pour permettre de longs échanges avec ma mère, mais je sais aujourd'hui, avec ce récit, que je vais revenir sur mes terres beaucoup plus souvent, notamment pour elle, mais aussi pour mes enfants et moi. Le Bénin et ma famille m'équilibrent. La France est aujourd'hui mon pays, et j'y suis très ancrée, mais quand je retourne à Cotonou, j'ai l'impression que mon second pied se pose et que je me tiens vraiment debout. Nous sommes des millions à avoir deux cultures en nous, et peut-être que certains d'entre vous se reconnaîtront dans cette image. Nous tenons debout parce que nous assumons pleinement ces deux piliers racinaires. Un pied posé fermement dans chaque culture, et au milieu, notre corps et notre esprit, nourris de ces deux racines indissociables.

Ma mère, sous des airs inoffensifs et discrets, m'a toujours enseigné l'art d'être une femme forte, comme elle.

Lorsqu'un professeur de l'université nationale du Bénin m'a harcelée, exigeant à plusieurs reprises que je couche avec lui, ma mère a été là. Au départ il était très insistant mais sans aucun geste déplacé. Lorsqu'il est devenu menaçant, du genre « continue comme ça et tu verras tes notes », j'ai fini par en parler car je ne voulais surtout pas être pénalisée par une mauvaise évaluation pour des raisons aussi injustes. C'est à ce moment-là que maman est intervenue. Je ne sais pas ce qu'elle lui a dit, mais il a immédiatement arrêté et je n'ai plus jamais entendu parler de lui. Je n'aurais pas cédé à ses avances agressives, mais mon refus aurait certainement entraîné des conséquences très compliquées sur ma scolarité. J'ai tout de même arrêté de fréquenter ses cours et ma note générale s'en est ressentie.

Si je vous raconte cette histoire, c'est grâce à ma mère qui en a ravivé le souvenir. Elle se rappelle même le nom du professeur. Lui aussi m'a fait du mal.

Les jeunes filles étaient des proies faciles. Je mets cette phrase au passé car j'espère, pour ma fille et pour toutes les autres femmes, que la libération de la parole sur les violences subies a déjà changé les choses. Qu'en est-il vraiment aujourd'hui ?

Ma mère avait coutume de dire :

– La femme ne se rend pas compte de la force qu'elle a, mais elle est plus forte que l'homme. Elle a la puissance de l'eau, plus forte que le feu et que le soleil…

Je ne comprenais pas tout à l'époque.

Lorsque je lui disais qu'un homme m'avait ennuyée ou menacée, voici ce qu'elle me recommandait :

– En cas d'agression verbale ou physique, ne montre jamais que tu as peur. Au contraire, si nécessaire et si possible, prends le dessus et, une fois que tu es toute seule, tu peux te relâcher.

Aujourd'hui, lorsque je lui raconte mes malheurs du quotidien, maman me dit toujours que nous faisons partie d'un club, le club des « Tu me cherches, tu me trouves ».

Ses conseils m'ont servi toute ma vie, en particulier quand je suis entrée dans le monde de la gastronomie.

D'où vient le goût ?

On me demande toujours d'où vient mon amour de la cuisine. Il faut regarder les femmes qui m'ont entourée. Je vous ai raconté que ma grand-mère Georgette, seule avec ses sept enfants, était une cuisinière merveilleuse. C'est ce que m'a transmis ma mère. Je l'ai très peu connue aux fourneaux parce que la Georgette femme d'affaires travaillait jour et nuit dans ses bureaux ou en déplacement.

Il y avait trois cuisines à la maison. Celle du bas (la principale), celle du haut (plutôt une cuisine d'envoi) et celle de l'extérieur à l'arrière de la maison. Ma mère et ses sœurs avaient des rôles précis dans le ballet gastronomique familial. Romaine s'occupait des plats traditionnels. Cela va du simple monyo (un rougail de tomates et oignons crus) au mantindjan plus complexe. Le mot mantindjan vient de *man*,

« sauce feuille » (feuilles de morelle par exemple), et de *tindjan* qui signifie littéralement « espace serré ». C'est une des nombreuses versions de la sauce man dans laquelle on retrouve de la viande, du poisson fumé, du crabe, de la couenne de bœuf et des crevettes, entre autres. Ce qui fait la réussite d'un bon mantindjan, c'est l'équilibre entre tous ces ingrédients terre et mer.

Le dimanche, ma mère faisait souvent du couscous. Ce n'était pas mon plat préféré. Je crois que c'est parce qu'elle y mettait vraiment beaucoup de chou. Elle adorait ça et moi pas du tout à l'époque. En revanche, j'adorais la semoule, la viande et le bouillon bien sûr. Je trouvais déjà magique cette graine sèche qui se transformait au contact de la vapeur d'eau dans le couscoussier.

Des plats, je pourrais encore en citer des tas. Dans mes préférés, la sauce gombo, le blokoto (queue de bœuf), les grillades, la sauce de poisson frais (le poisson cuit à frémissements comme dans la bouillabaisse), et des dizaines d'autres.

Quand j'ai interrogé ma mère à ce sujet, elle m'a toujours dit qu'elle ne s'attendait pas vraiment à me voir épouser cette carrière de cuisinière, même si cela lui plaît.

– Tu es sortie de mon ventre avec fracas, et tu as beaucoup crié. Ensuite, tu voulais commander le monde. Tu aurais pu être cheffe d'autre chose que d'une cuisine.

En même temps, quand il m'arrive – rarement – de parler cuisine avec ma mère, ses yeux s'allument, et je la trouve incroyablement inspirée. Maman est très croyante et elle parle de la cuisine avec des mots qui ressemblent parfois à ceux de la religion.

– Il faut aimer la cuisine, c'est un long processus. Quand tu prépares un plat, ton corps doit communier avec ce que tu veux préparer. C'est tout ton être qui cuisine, ton corps et ton esprit. Tu dois avoir de la psychologie, connaître les ingrédients, communiquer avec eux, les ressentir pour en tirer le meilleur, le parfait assaisonnement, la juste cuisson, le goût juste.

J'ai déjà pensé à afficher les phrases que prononçaient ma mère sur les murs des cuisines que j'ai dirigées par la suite. Mais cela n'est pas nécessaire, ces mots sont en moi.

Nous partageons une certaine façon de cuisiner, à l'instinct, mais nous avons aussi une passion commune pour quelques ustensiles et un outil particulièrement : la « meule de pierre ». Je n'en ai jamais eu dans mes cuisines, malheureusement. Pour être précise, le *sé* en fon, la langue de ma mère, n'est pas tout à fait une meule, c'est une espèce de meule non incurvée, mais je n'ai pas trouvé d'autre traduction. Pour résumer, il s'agit d'un jeu de deux pierres utilisées pour moudre le poivre, l'ail, écraser les tomates, l'oignon, le gingembre et d'autres épices ou ingrédients au Bénin. Elle est composée d'une grosse pierre de forme plate et lisse (20 cm sur 40 cm environ), souvent accompagnée d'une autre pierre plus petite et arrondie qui sert à broyer ou écraser les ingrédients. La grande pierre est posée sur un support pour être à la bonne hauteur, au niveau de la taille. Il y a un *sé* dans toutes les maisons. C'est un peu l'ancêtre du blender. Un pilon à plat. On saisit la plus petite pierre des deux mains. On va ensuite faire des va-et-vient sur l'ingrédient ou l'épice en ramenant au centre de temps en temps jusqu'à obtention de la texture voulue. Pour l'oignon, le gingembre et la tomate par exemple, on va préalablement les couper en morceaux.

Maman a ouvert un petit restaurant dans les années 1990, un maquis qu'elle a tenu une dizaine d'années. J'allais la voir tous les jours. Il s'appelait La Case lumineuse et était situé à deux pas du stade de l'Amitié à Cotonou, dans une contre-allée parallèle à la voie pavée. Il avait une toiture de « case » avec quelque chose comme de la paille collée dessus. Elle avait aussi installé des guirlandes lumineuses, en référence au nom du lieu, mais surtout parce que ma mère, très spirituelle je vous l'ai dit, souhaitait que son restaurant soit un havre de lumière divine avant tout.

On y entrait en poussant des portes battantes comme celles d'un saloon. À l'intérieur, un chemin menait jusqu'au bar au fond. De part et d'autre, des tables et chaises toutes simples et un parterre de plantes entre le « chemin » et les tables.

Une fois qu'on passait le bar, on entrait dans une pièce où se trouvait une mini chambre pour les soirs où elle finissait trop tard et ne voulait pas prendre la route pour rentrer. Dans cet espace, il y avait aussi l'économat et les chambres froides boissons et nourriture. Juste après se trouvait un accès à la cuisine tout en longueur située en plein air et composée essentiellement de cloportes. Pas l'animal, je vous rassure. Au Bénin, cela désigne un type de foyer traditionnel utilisé pour la cuisson, généralement fabriqué en terre cuite ou en métal et garni de charbon de bois pour cuire des aliments de manière uniforme grâce à la chaleur radiante qu'il génère. Il peut également faire office de barbecue.

Pour terminer, il y avait un garage et une douche extérieure.

La Case lumineuse était ma deuxième maison. J'y passais presque tous les jours et je regardais ma mère cuisiner.

Je me souviens que pour mon bac elle m'avait dit :

– Si tu as ton bac, dis-moi le plat que tu veux, et je le ferai.

Cuisiner pour moi dans son restaurant était son plus beau cadeau, sa preuve d'amour ultime. Elle l'avait déjà fait pour mon brevet. À l'époque, j'avais opté pour une sauce blolo (poisson-chat) que j'avais dévorée toute seule avec délice et gourmandise.

Lorsque j'ai eu mon bac, elle a tenu à nouveau sa promesse et l'a même agrémentée d'un cadeau supplémentaire en me permettant d'inviter tous mes amis à La Case lumineuse autour d'une grande table.

Pour en terminer avec l'arbre généalogique et gastronomique de la famille, lorsque je suis devenue cheffe, on m'a raconté que mon arrière-grand-père avait été cuisinier à Marseille pour la marine marchande, et qu'après son retour au Bénin il continuait pour le plaisir à cultiver la gastronomie française : les terrines, le pain, le cochon à la broche entre autres. C'est lui qui a sacralisé le repas de famille du dimanche.

La cuisine ne pouvait qu'être une évidence une fois l'interprétariat envolé.

Quand on y réfléchit et que l'on pose les événements d'une vie sur la table, tout finit par s'expliquer. Dans mon cas, il n'y a donc « pas de hasard », une des phrases favorites de ma mère. Pourtant, rien n'était évident au départ et, du haut de mes 20 ans, je ne rêvais pas du tout de cuisine mais de Paris et de Londres. J'étais amoureuse, je voulais suivre mon amoureux en Europe et je rêvais d'être interprète.

Georgiana in Paris
La France en Noirs et Blancs

Une bonne partie de ma scolarité a été bercée par l'histoire de France – j'ai longtemps été persuadée, je vous le rappelle, que mes ancêtres étaient gaulois et que mon hymne était *La Marseillaise*. Je vous laisse imaginer le sentiment qui m'habite lorsque j'atterris à l'aéroport Charles-de-Gaulle et que je pose pour la première fois un pied sur le sol parisien !

J'ai une grande, très grande valise, un sac à dos et des rêves plein la tête.

Pour l'installation dans la capitale, le réseau béninois a fait son œuvre. Je vais habiter quelques semaines dans l'appartement d'un ami de la famille qui réside de temps en temps à Paris pour son travail mais laisse généralement son logement vide. C'est lui qui vient me chercher à l'aéroport. C'est un adulte plus âgé que ma mère, un « monsieur qui fait des affaires » et qui avait eu une courte liaison avec une de mes tantes des années auparavant. Je suis en confiance. L'appartement se situe dans le 20e arrondissement. Il doit faire 60 mètres carrés, avec un petit balcon. Il est très bien agencé, plutôt cossu avec un salon, une cuisine et la chambre du « tonton » (en Afrique, tous les amis de la famille sont des tontons). Dans la chambre, une porte donne accès à la salle de bains. À l'heure du coucher, le meuble de télévision se baisse et laisse apparaître un lit supplémentaire de deux places dans le salon. C'est là que je dormirai.

Nous sommes au dernier étage d'un immeuble qui en compte une dizaine.

Je me fais discrète lorsque je m'installe chez lui, d'une part parce que c'est assez petit, et d'autre part parce qu'une de ses filles est arrivée du Congo quasiment en même temps que moi, en transit pendant quelques jours avant de rejoindre les États-Unis pour ses études. Je crois que nous avons à peu près le même âge. Sur le palier vit la sœur de mon propriétaire, une des bonnes amies de ma tante Rita. Ce ne sont pas des gens que je fréquentais à Cotonou mais toutes les promesses d'un accueil agréable sont réunies.

J'explique à mon logeur que je suis arrivée avec pas grand-chose en poche, et que mon fiancé, Éric, est en Allemagne. Il me rassure, me dit qu'il ne pourra pas m'aider financièrement mais que je peux compter sur son toit. Tout va donc bien au départ, mais bientôt son attitude me gêne. Il est très familier lorsqu'il est dans l'appartement avec moi.

Les premières semaines se déroulent normalement. J'ai immédiatement pris l'habitude de faire le ménage et l'entretien général puisque je bénéficie du lieu. En attendant ma rentrée universitaire, je visite le quartier et je m'aventure dans les rues de Paris. Je suis sur un nuage, au cœur de la capitale, que j'ai fantasmée comme des millions de personnes, et je me laisse porter par une douce sensation de bien-être. La ville ne m'effraie pas. Elle m'impressionne par sa beauté. Je suis dans un film.

Je suis déjà inscrite à la Sorbonne-Nouvelle en LEA, langues étrangères appliquées, puis en LLCE, langue littérature et civilisations appliquées l'année d'après. En LEA, mes cours vont se dérouler à moitié en anglais et en allemand. Mon niveau dans la langue de Goethe n'est pas suffisant et je sais que je vais patauger la plupart du temps. En gros, je dois oublier ma licence béninoise et recommencer de zéro. Je veux en tout cas la consolider en obtenant une licence en France avant d'entrer à l'École de traduction et d'interprétation de Genève.

L'idée est donc de rester quelques semaines chez ce tonton arrangeant, jusqu'au moment où je trouverai mon propre logement, que j'espère obtenir grâce au

CROUS. Le plan CROUS ne marchera pas et je vais sans doute devoir rester là pour quelques mois. Cela n'a pas l'air de poser problème au tonton. Il m'incite à trouver un job étudiant pour gagner un peu d'argent.

Lorsque je rentre le soir et qu'il est présent, je fais à manger pour nous deux. Un jour, alors qu'il est de retour de voyage, il me demande d'une manière très naturelle, comme si c'était normal, de lui masser les pieds. Je suis très gênée, mais je le fais. Je le ferai une ou deux fois de plus. Rien d'extraordinaire à mes yeux : je massais souvent les pieds de ma tante Rita à Cotonou, mais la demande me paraît tout de même étrange. Quelques jours ou semaines plus tard, son attitude va changer. Sa fille est partie aux États-Unis. Ses regards sur moi et ses remarques sont de plus en plus déplacés, et il va me demander à plusieurs reprises, l'air de rien, de dormir avec lui si j'en ai envie. Je refuse poliment en souriant, l'air gêné. Je me souviens maintenant de mes angoisses au moment de la douche. Dès que je sortais de la salle de bains (habillée bien sûr, en pyjama), il m'entreprenait avec des compliments suivis de propositions plus précises. Je sens bien que cela ne s'arrêtera pas. Je suis là depuis plusieurs semaines, j'ai fait ma rentrée à la fac, et le rythme des sollicitations s'accélère. Devant ses avances répétées, je tiens bon et je refuse, mais il insiste toujours. Après quelques semaines encore, le ton change :

– Si tu veux rester ici, tu dois te montrer douce et gentille.

Il pose alors ses mains sur moi. Ma réaction est immédiate et brutale. Je le repousse fermement. Je ne comprends pas. Il est au courant que j'ai un petit ami, Éric, qui vient me voir d'Allemagne dès qu'il le peut, il connaît ma famille et il a trente ans de plus que moi. Il recule et se calme, conscient peut-être que je pourrais parler de son attitude à ma famille. Je crains qu'il devienne brutal et qu'il m'agresse sexuellement. Dorénavant je vis dans cet appartement la peur au ventre. Lorsqu'il est présent, il me relance chaque soir et je ne peux plus le supporter.

J'appelle Éric pour lui raconter ce que je subis et il veut débarquer à Paris pour le corriger. Pas la peine, c'est déjà assez compliqué comme ça avec la famille. Je sais maintenant que je ne pourrai plus rester chez lui. Rien d'autre n'est possible. Jusqu'au dernier jour, je ne dors que quelques heures par nuit, persuadée qu'il va tenter de me violer dans mon sommeil.

Mon logeur-agresseur quotidien ne l'a jamais su, mais lorsque j'habitais chez lui je suis tombée enceinte d'Éric après sa première visite à Paris.

C'est évidemment un choc, mais, après mes deux avortements à Cotonou, je me dis qu'il ne faut quand même pas trop abuser de la gentillesse du Bon Dieu. Nous décidons donc de garder cet enfant malgré nos modes de vie instables. Garder cet enfant est une décision importante. Nous sommes très jeunes, plongés dans les études et pas autonomes financièrement, mais c'est peut-être le signe que nous devons fonder une famille. Nous décidons que nous ferons face, que nous nous organiserons et assumerons dans la joie cet enfant. Avant le troisième mois, à la suite de grosses douleurs, je me rends chez le médecin et j'apprends que le cœur du bébé a cessé de battre. Une seule solution : le faire sortir. Nous sommes en avril 2000.

Contre l'avis médical, je vais en Allemagne avec mes derniers sous. Éric me reçoit mais me demande au bout de deux jours de rentrer à Paris où il est certain que la médecine française pourra prendre soin de moi. C'est insupportable. Je suis en panique, tout me paraît insurmontable. Je suis persuadée que jamais plus je n'aurai d'enfant. La dépression me guette mais je dois programmer une intervention.

Elle se déroule finalement à l'hôpital du Kremlin-Bicêtre. Ce n'est pas un franc succès puisque le lendemain je continue à saigner abondamment avec d'énormes caillots. Je tente de joindre le médecin de l'hôpital, en vain. Je m'installe dans la baignoire blanche immaculée de mon logeur, accroupie et jambes écartées, et je regarde sortir ces « morceaux de sang ». À un moment je vois un tout petit fœtus.

Il faut tout ramasser et faire disparaître ces traces dans un état d'effroi absolu.

Je rappelle le médecin qui m'a suivie :

– Bonjour docteur, je viens de vivre quelque chose d'affreux, des caillots de sang qui n'arrêtaient pas de sortir et surtout un mini fœtus que j'ai dû jeter…

– Ah je vois. C'est qu'ils étaient donc deux et qu'on a raté ça. Tout est rentré dans l'ordre maintenant. Pensez à prendre une pilule dorénavant.

Je suis sidérée, en colère, triste et malheureuse.

En colère contre ce médecin qui a été si difficile à contacter et pour qui j'ai l'impression de n'être qu'un numéro, et en colère contre moi surtout.

Triste d'avoir perdu non un mais deux bébés, moi qui aurais tant aimé avoir des jumeaux. Je me dis : « Ça y est, Dieu me punit pour ce que j'ai fait. »

Je n'avais décidément retenu aucune leçon du passé et de mes avortements. En même temps, lorsqu'on ne nous a rien expliqué, ni à l'école ni à la maison, on est bien obligés de découvrir la vie seuls. On ne m'avait jamais parlé de sexualité, de plaisir, de contraception ou de maladie sexuellement transmissible. J'ai perdu pied, j'ai eu peur de mourir et j'ai dû improviser pour trouver une solution et rester vivante.

Aujourd'hui, c'est différent et tant mieux, mais une femme peut encore se retrouver seule face à des situations qu'elle n'a connues que de manière théorique. Il existe heureusement des lignes téléphoniques spécialisées qui répondent à presque toutes les angoisses. Je n'ai qu'un seul conseil, ne restez jamais seule, appelez les numéros d'urgence.

Avec mes enfants, j'ai pu être maladroite parfois en abordant au départ les sujets de la sexualité et de la contraception d'une manière trop superficielle.

J'ai changé.

Sans pour autant en faire des moments solennels, nous abordons des sujets comme l'amour, le sexe, les orientations sexuelles, mais aussi la drogue ou le genre de la manière la plus simple possible. Nous sommes parfois réunis tous les quatre, mais des discussions à deux sont indispensables et permettent d'aborder des sujets ou des questions qu'on n'a pas envie de partager devant toute la fratrie. En tant que mère, je peux dire que je me suis inspirée de la mienne, sur ce point, comme d'un parfait contre-exemple.

Retour à mon aventure parisienne. Je dois partir, quitter mon propriétaire toxique et dangereux et trouver un nouvel appartement, mais où ? Il me faut une solution rapide. Commence alors une nouvelle expérience humiliante pour une jeune Béninoise résidant à Paris : la recherche d'un appartement à louer. On est en l'an 2000 et je découvre que pour signer un bail à Paris il vaut mieux, dans l'ordre :

1. être blanche
2. être blanche, salariée et française
3. être blanche, salariée, française, avec de bonnes cautions

Je ne pouvais revendiquer aucune de ces conditions.

Je passe donc mes journées au téléphone avec des agences immobilières toutes-puissantes puisqu'elles possèdent le sésame : les clés des appartements libres. Déjà, je sais qu'au téléphone je dois faire attention à ne pas avoir un accent africain trop prononcé sinon l'entretien se termine vite. Ça tombe bien, je ne l'ai pas. Mon nom cependant, je ne peux pas le changer. Georgiana est un prénom acceptable, mais mon nom de naissance, Nwabogu, provoque un blocage chez trois agents immobiliers sur quatre, et je suis généreuse. De toute évidence, je n'ai aucune chance d'être acceptée par le moindre propriétaire.

Au bout de quelques jours, j'ai l'impression que cette recherche n'aboutira jamais puisque je ne franchis même pas la première barrière, celle de l'appel téléphonique. J'appelle ma mère qui me reparle de sa sœur. Je l'avais oubliée. C'est vrai que j'ai une tante qui vit dans le Val-d'Oise, mais je dois être tous les matins à la Sorbonne et c'est beaucoup trop loin en transports en commun. Tout le monde cherche alors une solution pour moi. Finalement, c'est l'ancienne coiffeuse de maman, Chantal, devenue femme de ménage à Paris, qui finit par me trouver une chambre de bonne près de Saint-Lazare, rue du Rocher, contre bons services, c'est-à-dire récupérer deux enfants à la sortie de l'école et s'en occuper jusqu'à l'arrivée des parents. Cette nouvelle est un immense ballon d'oxygène, et en échangeant avec les propriétaires et parents des enfants à garder, j'arrive même à négocier un petit salaire. Cette obligation de présence quotidienne risque de compliquer mes études, mais je décide que j'y arriverai, coûte que coûte. En tout cas, mille mercis Chantal, grâce à ton intervention je trouve un toit et j'aperçois un peu de lumière au bout du tunnel.

J'étudie toujours l'anglais à la Sorbonne-Nouvelle, mais tous les jours à 15 h 30 je dois quitter l'amphithéâtre et je sens que ça va être difficile. À cette époque, je retrouve dans Paris des amis de Cotonou, logés dans les appartements achetés par leurs familles béninoises, en coloc ou en résidence universitaire. Une vie d'étudiante presque normale semble se profiler.

Je retrouve notamment une de mes amies d'enfance, Binta. Sa mère est très aisée et possède un appartement dans le 14e arrondissement, acheté quelques années auparavant. Binta est fille unique, et ses parents vivent en Afrique. Dès que nous trouvons le temps, nous déambulons ensemble dans les rues de la capitale. Tout comme moi, elle adore acheter des vêtements, des bijoux, du parfum, bref une « vraie » fille, qui en plus a les moyens de se faire plaisir. Néanmoins, lorsque nous entrons ensemble dans une boutique, les regards des vendeuses se braquent sur nous, avec un air à cheval entre le mépris et le dégoût. Binta est obèse.

Elle choisit toujours les boutiques les plus chic de la ville, du côté de l'avenue Montaigne et des Champs-Élysées. Il y a très peu de clientes noires, et encore moins de jeunes filles de 20 ans dans ces temples du luxe français. À peine entrées dans la boutique, nous sentons deux ou trois scans visuels nous détailler avec un air agressif et, une fois sur deux (le scénario s'est répété à plusieurs reprises), nous entendons la phrase suivante :

– Mademoiselle, je ne pense pas que nous aurons votre taille.

– Pourquoi elle me parle de taille ? demande Binta.

– Je ne sais pas.

– Elle croit que je suis entrée sans connaître ma taille ?

– Je ne sais pas, Binta. Viens, on y va.

– Non, je ne bouge pas. Et tu sais quoi ? Je n'avais pas spécialement prévu d'acheter grand-chose à part une petite écharpe que j'avais repérée la dernière fois, mais là on va se faire servir.

Il se trouve qu'elle a les moyens de sa stratégie. Elle avance avec courage dans le magasin en regardant à son tour les vendeuses avec mépris, et les traite comme des domestiques. La plupart du temps, elle achète quelque chose qu'elle règle d'un air supérieur, mais je me souviens qu'un jour elle a accumulé de nombreux achats sur le comptoir en exigeant une totale dévotion des vendeuses devenues toutes souriantes. Au moment de payer, elle a déclaré :

– Oh, finalement je ne sais pas, je ne sais plus. Je vais réfléchir. C'est assez moche en réalité. Au revoir…

Puis elle a quitté les lieux sans un regard pour ces jeunes femmes qui l'avaient servie après l'avoir préalablement snobée. Quand je raconte tout ça, j'en souffre encore, pour moi, pour ma copine, comme en souffrent des millions de femmes.

Binta faisait mine que cela ne la touchait pas, mais je pense que c'est faux, car c'est impossible de supporter sans fléchir ces attitudes et ces mots. Binta n'avait pas l'intention de faire sa vie en France, elle voulait retourner à Cotonou pour ouvrir une boutique de vêtements et faire des allers-retours. C'est ce qu'elle fera. Elle aura deux jolis garçons aussi. Le cancer, après avoir fauché sa mère en 1990, viendra chercher mon amie en 2012 puis sa grande sœur deux ou trois ans plus tard. Elle ne s'est jamais laissé marcher sur les pieds tout en étant tellement douce et gentille. Elle me manque.

Ces remarques racistes et grossophobes détériorent grandement la confiance en soi. Après la naissance de mon premier fils, je vais vivre la même chose et, chaque fois que cela se produit, je pense à Binta.

Retour à ma vie d'étudiante et de nounou.

La Sorbonne-Nouvelle est impressionnante au départ, puis elle devient mon quotidien et je m'y fais quelques nouveaux amis. Les semaines passent vite et je travaille beaucoup. Fac, bibliothèque mais surtout Beaubourg pour réviser dans un environnement inspirant et joindre l'utile à l'agréable. Éric vient souvent à Paris et, de mon côté, je fais régulièrement des allers-retours en Allemagne. Nous traversons à nouveau une période calme. Je rêve de le retrouver pour de bon, de finir mes études à Paris et d'entrer à l'ETI, l'école d'interprètes de Genève, avant de vivre une fois pour toutes avec mon amoureux. Quelques mois passent sur ce registre optimiste.

À ce moment de notre histoire, je pense au couple que nous formions au Bénin. Éric et moi avions souvent évoqué le mariage quelques années plus tôt. Au Bénin, nous avions déjà décidé de la musique que l'on jouerait : le *Boléro* de Ravel et des airs de la Callas. Il s'était même promis de faire tout son possible pour retrouver mon père afin qu'il m'accompagne jusqu'à l'autel. Je disais à l'époque que j'aimerais avoir cinq enfants. Le Bénin est loin maintenant, et la réalité a pris le dessus. Ma vie à Paris n'est pas du tout aussi rose que nous l'avions imaginée, moi la première. Mon expérience de cohabitation douloureuse a laissé des traces. Je suis blessée, fatiguée, et l'interruption brutale de ma grossesse m'a déprimée. J'en veux à cet homme, cet « ami de la famille », de m'avoir fait vivre un quotidien d'angoisse, et je suis convaincue que ma fausse couche résulte de cet environnement toxique.

Avec Éric, nous avons sans doute trop peu parlé de cette grossesse interrompue qui s'est ajoutée aux deux avortements précédents. Nous nous voyons de temps en temps, mais nous ne construisons pas de « nouveau départ ». Nous nous installons dans une forme de « routine distancielle » qui me rend mélancolique et me fait réfléchir. Éric est dans le même état que moi. Notre couple, je le sais maintenant, était en train de basculer, et aucun de nous deux ne s'est battu pour le sauver.

Au début de l'été, je retrouve Éric en Allemagne. Nous parlons un peu de nous, mais n'osons pas aborder notre situation de manière frontale. Les deux jours passés ensemble auront encore un léger goût d'histoire d'amour, nous nous retrouverons même physiquement, mais ce séjour laissera un arrière-goût plus acide.

Éric me rejoint en septembre et je sens dès son arrivée qu'il n'est pas dans son état habituel. Très vite, le ton monte dans ma petite chambre de bonne et la dispute est sérieuse. Il est en colère et j'ai droit à une vraie « scène ». Il me reproche de ne plus être loyale, et pourtant, même si je me suis mentalement un peu éloignée, je lui suis totalement fidèle.

Il m'annonce que nous ne pouvons plus continuer, qu'il ne supporte plus cette situation, qu'il me quitte et rentre en Allemagne le soir même. Il est venu exprès me le dire en face. C'est trop d'honneur !

Il sort de l'appartement en annonçant qu'il va déambuler dans Paris en attendant son train. Je ne peux supporter ce départ et décide de le suivre. Je ne sais même pas si je le décide vraiment d'ailleurs, parce que dans mon souvenir j'agis sans même réfléchir une seule seconde. Il ne partira pas et ne me laissera pas ! Ce jour-là, je le suis partout dans Paris en lui demandant de rester et en mettant tout en œuvre pour le faire changer d'avis. Nous parcourons des kilomètres l'un derrière l'autre, puis l'un à côté de l'autre, sans vraiment nous parler, jusqu'au parc Monceau. Il est assis sur un banc, et là, en le voyant résolu, tout est sorti. Le ton monte et je le menace de me suicider. J'ai dans ma poche des pilules que j'avais subtilisées plus tôt dans sa sacoche, et j'avale tout d'un coup devant lui. Éric panique, vient vers moi pour vérifier ce que j'ai ingurgité et découvre que je viens d'avaler une douzaine de pilules à la menthe, sans grand danger pour ma vie donc. Excédé, il reprend son chemin et nous atterrissons dans le quartier Saint-Lazare. Je le suis à bonne distance et le climat est à la crise de nerfs. Il tente alors d'alerter les forces de l'ordre en entrant dans un poste de police près de la gare, avec la volonté de porter plainte contre moi. Contraint de reconnaître que je ne l'ai pas agressé, il est gentiment poussé vers la sortie par des policiers qui ne voient pas pourquoi ils interviendraient dans une dispute conjugale. Il finit par prendre son train et me laisse, seule et désemparée. Mon état ne s'arrange pas et la dépression plane. Les enfants que je garde tous les jours entre 16 heures et 20 heures me donnent de l'énergie, et c'est quand même mon gagne-pain.

Je vis seule à Paris et n'ai plus de nouvelles d'Éric, que je harcèle de messages vocaux et écrits, le suppliant de m'expliquer encore sa décision, que décidément je ne comprends pas. La rupture est consommée. Ma grande histoire d'amour est terminée.

Mon enfant, mon amour

Le jour de mon anniversaire, le 10 novembre, j'accepte de rejoindre une de mes deux meilleures amies béninoises qui habite à Bois-Colombes. Elle me propose d'organiser un dîner et de passer un moment joyeux. J'ai besoin de me détendre et de me défouler. Elle a également invité d'autres personnes. La soirée est très arrosée. L'une de mes amies a décidé de m'offrir un kit test de grossesse, plaquette de pilules et préservatifs. Sur le coup, je ne comprends pas du tout et je me dis que c'est peut-être un moyen de m'inciter à entamer une nouvelle vie de célibataire en prenant mes précautions. En fin de soirée, comme une plaisanterie, je décide de me rendre aux toilettes et d'utiliser le test. Je vois apparaître le résultat et je tombe de là où j'étais quand je constate que je suis enceinte.

– C'est l'Esprit saint ! s'exclament mes copines, ivres et joyeuses.

Je laisse passer la nuit et je vais faire une prise de sang dès le lendemain. Les quelques jours qui suivent sont évidemment pleins d'angoisse et je me pose mille et une questions. Depuis ma rupture, je n'ai même pas embrassé un garçon. Comment puis-je être enceinte ? La prise de sang confirme la grossesse. Je vais expliquer mon cas au planning familial qui exige une échographie pour préciser le terme. Je m'exécute. Le médecin qui me reçoit passe le gel sur le bas de mon ventre, me fait signe de regarder l'écran et monte le son. J'entends battre le cœur d'un bébé. Je chavire totalement puis je me reprends et lui explique que c'est le planning familial qui m'envoie et que ma volonté est d'avorter. Il m'annonce que je suis enceinte de presque cinq mois et que je ne peux plus interrompre le processus, légalement en tout cas. Il me demande de lui raconter ce qu'il s'est passé. La dernière fois que nous avons fait l'amour avec Éric remonte au début de l'été, deux mois avant notre tumultueuse séparation. Ça colle. Je lui parle aussi du traumatisme qu'a provoqué chez moi cette séparation brutale. C'est là qu'il évoque le déni de grossesse.

Je suis sonnée. Qui est cette personne dans mon miroir ? La dépression, la solitude et le manque total de confiance en moi ont bâti un mur intérieur qui refuse tout nouvel événement dans ma vie. Il est évident que je n'ai rien voulu savoir ni ressentir.

Lorsque je quitte le médecin place d'Italie, je rentre rue du Rocher à pied sous une pluie battante. Les pensées s'entremêlent. Je suis bien sûr sous le choc mais, étrangement, au fond de moi, profondément heureuse. J'ai déjà oublié toute velléité d'avortement. Je vais avoir un enfant, pas comme je l'avais imaginé, mais je vais avoir un enfant à moi, malgré tout.

Tout de suite, les questions se bousculent. Je suis mère célibataire. Comment vais-je l'appeler ? Comment vais-je l'élever ? Que va penser ma mère ? Comment Éric va-t-il le prendre ? Comment vais-je l'annoncer à mes amis ? Est-ce que je vais pouvoir aller à la fac avec mon ventre de femme enceinte ? Mon ventre d'ailleurs, pourquoi est-il tout plat ?

J'ai bien vu le bébé. Je l'ai entendu aussi, et je sais que c'est un garçon. J'ai pleuré de longues minutes sur le chemin. Une fois dans mon appartement, je prends la décision de prévenir en priorité les parents des enfants que je garde. Dans quelques mois, je ne serai plus seule dans le logement, et il est hors de question de le cacher. D'ailleurs, comment dissimuler un ventre qui finira bien par révéler cette grossesse ? Mme Kingston, ma patronne, prend cette nouvelle avec calme et gentillesse. Elle m'explique que, pour son dernier enfant, elle a senti un jour un liquide s'échapper d'elle alors qu'elle conduisait et qu'elle n'a pas compris. Elle s'est rendue à l'hôpital et a été directement admise en salle d'accouchement.

Elle venait de perdre les eaux sans jamais avoir eu conscience qu'elle était enceinte. Une histoire de fou qui me fait relativiser mon propre déni.

Je me sens tout à fait incapable d'en parler à ma mère, j'appelle tous les jours son restaurant et je raccroche à chaque fois que j'entends sa voix. Je crois que j'ai honte. Je suis heureuse, mais en même temps j'ai honte. Vous me comprenez ?

Un jour, c'est ma mère qui décroche directement, je reste muette quelques secondes. Ce qui se passe là m'échappe encore aujourd'hui. Maman me parle alors :

– Georgiana, je sais que c'est toi qui appelles depuis plusieurs jours et qui raccroches. Tu es enceinte, c'est ça ?

– Oui maman… Je suis enceinte de cinq mois.

– Je le savais… C'est qui le père ? Attends, laisse-moi deviner : Éric.

Comment maman a-t-elle su ? Par quelle magie ?

J'appelle Éric bien sûr. Sa première réaction est de ne pas me croire. Il doit penser que c'est une énième tentative pour le faire revenir. Il raccroche. Quelques heures plus tard, il me rappelle : il pense que cet enfant n'est pas de lui. Je peux comprendre cette crainte sur l'instant, mais je sais pertinemment qu'il est le père. Je n'ai ni touché ni même approché qui que ce soit depuis notre dernier moment ensemble.

Je laisse Éric se débrouiller avec cette nouvelle. Je dois maintenant m'organiser et préparer l'arrivée de mon fils.

Une de mes amies béninoises, Roxy, en couple, est elle-même enceinte et poursuit aussi ses études. C'est avec elle que je vais passer le plus clair de mon temps et échanger sur ce nouvel état : nous avons tout à partager. Elle attend une fille qui naîtra quelques mois avant mon fils.

Je pleure énormément quand je me retrouve seule chez moi et que je pense à ma situation. J'ai beaucoup de choses à évacuer et je compense en mangeant beaucoup, vraiment beaucoup. Quasiment tout y passe : les pâtes (250 grammes par repas), les litchis (500 grammes par jour), les pièces de viande, les plateaux de fruits de mer, et tout ce qui se présente. J'ai besoin de ma mère. Elle n'est pas encore là physiquement, mais elle me soutient, et c'est tout ce qui compte. Je ne lui montre surtout pas que j'ai peur. Je lui raconte sur tous les tons que je contrôle parfaitement la situation, mais j'ignore encore aujourd'hui si elle a été dupe un seul instant. Plus le temps passe et plus je grossis. Je me dis que cet enfant doit être vraiment plus gros que ce qu'a montré l'échographie et que je ne réussirai jamais à le faire sortir. Je pense aussi que je ne parviendrai pas à surmonter ma peur et que je vais demander une césarienne, avant d'apprendre que ça ne se demande pas, parce que ça n'est pas un choix. Bienvenue chez les novices. Aujourd'hui, les choses ont changé.

Éric, de son côté, appelle son père au Bénin. Ce dernier a déjà de nombreux enfants de femmes différentes et une vie amoureuse particulièrement remplie. Éric m'a toujours dit que sa paternité à lui serait différente. Il n'aurait des enfants qu'avec une seule femme. Je suis enceinte, nous sommes séparés mais il va accepter d'accueillir notre bébé. Je me souviens de la phrase qu'il a prononcée :

– En acceptant cette grossesse, je tire un trait sur une future paternité avec une autre femme. Je n'aurai d'enfant avec personne d'autre.

Je sais qu'il y croit vraiment quand il le dit. Le futur ne lui donnera pas raison, et tant mieux. Il se mariera et aura trois fils supplémentaires.

Il vient à Paris plusieurs fois avant l'arrivée du petit et prend sa place, celle du futur papa. Lorsqu'il est avec moi, il est très présent et attentionné.

En ce qui me concerne, les angoisses réapparaissent. Comment poursuivre mes études, que vont penser mes amis, que devient ma jeunesse, comment se projeter dans le métier d'interprète ou dans un quelconque métier d'ailleurs ? En attendant des réponses, je découvre les assistantes sociales, les allocations familiales, je continue le baby-sitting et j'arrête la fac. Je décide de vivre mes quatre derniers mois de grossesse le plus normalement possible. Mon ventre est sorti quasiment du jour au lendemain. Impressionnant. J'utilise l'intégralité de l'argent des allocations familiales pour acheter un trousseau de luxe pour mon bébé. Pas très malin. Je voulais pour lui ce qu'il y avait de mieux, comme moi quand je suis née à Cotonou. Chauffe-biberon et biberons en verre Remond comme lorsque j'étais petite, brassières et bodys Petit Bateau, berceau dernier cri chez Natalys, je ne lésine pas.

Ma chambre de bonne a la particularité de posséder deux toutes petites pièces. Ma porte d'entrée dessert deux pièces distinctes séparées par un petit couloir. Dans la première, trois mètres carrés qui font office de bureau, j'aménage la chambre de bébé. Et dans l'autre pièce, une quinzaine de mètres carrés, à côté de mon canapé-lit, de la douche et du coin cuisine, j'ajoute le petit bureau. Autant dire que je ne peux quasiment plus me mouvoir.

Maintenant qu'elle est pleinement assumée, la grossesse me transporte. Je dois satisfaire la moindre de mes envies culinaires. Je me fais même envoyer du chap chap[2] du Bénin. Le soir, je sors, je suis joyeuse. Je me souviens d'avoir dansé toute la nuit au Barrio Latino, sur le bar, en jean moulant et T-shirt mouillé, sans tabac ni alcool bien sûr. Bref, c'est n'importe quoi, mais au moins c'est joyeux.

Pour la naissance, ma mère est là. Elle est venue de Cotonou. Comment vous dire la chance que j'ai

2. Fruit, variété de corossol.

et la gratitude infinie que je ressens ? Une nouvelle fois, elle me sauve, mais surtout j'ai hâte qu'elle partage avec moi tous les secrets du bain traditionnel de bébé, qui m'avait marquée lorsque j'avais assisté à celui d'une de mes cousines germaines. Il faut deux bassines, une d'eau froide et une d'eau chaude, un bol troué, une éponge molle et du savon. Un tabouret sur lequel la mère s'assoit et un second sur lequel elle pose ses jambes nues collées et tendues. On commence en faisant couler un filet d'eau tiède sur les parties intimes du bébé. Puis, à l'aide de l'éponge savonnée, on procède par frictions sur tout son corps. Puis vient le moment des frictions et des massages. Un bain hypertonique, une fois par jour. Après ça, bébé dort, comme un bébé. Je vous invite à aller voir une vidéo à ce sujet sur Internet.

Éric est là aussi. Nous choisissons de l'appeler Steven, accompagné d'un prénom yoruba, Adéwalé, qui signifie « le retour du roi ».

Il reconnaît l'enfant juste après sa naissance avant de repartir très vite en Allemagne. Ma mère rentre aussi au bout de quelques jours. Je m'occupe seule de Steven à Paris. Dans les semaines qui suivent, je suis surprise et très touchée que beaucoup de mes amis béninois résidant à Paris ou de passage dans la capitale viennent nous rendre visite avec les bras chargés de cadeaux. Je vis cela comme une bénédiction.

Je vais allaiter Steven. Pour moi, il n'y a jamais eu de doute. J'ai de la chance, tout se passe naturellement, et je lui donne le sein partout où je vais, y compris dans le métro. Nos journées sont rythmées par les consultations pédiatriques, les lessives, les visites aux copines et aux copains, celles d'Éric, les balades dans Paris, avec Steven calé dans le porte-bébé BabyBjörn. Dans la nuit, je vais le voir plusieurs fois alors qu'il dort profondément. Je me penche sur lui car je crains la mort subite du nourrisson. Jamais d'alerte.

Pour accéder à ma chambre de bonne, je n'ai pas le droit de prendre l'ascenseur des propriétaires. Je sais que ça peut paraître étrange, mais à l'époque j'accepte ces règles. En réalité, les riches habitants de l'immeuble agissent comme au XIXe siècle, comme si les occupants des chambres de bonne faisaient partie de la sous-caste du personnel de maison qui n'emprunte que les escaliers de service. Lorsque j'entre dans l'imposant bâtiment haussmannien, je dois contourner l'ascenseur et, un peu plus loin sur la droite, dans la cour, un escalier de service se dresse à l'intérieur de ce qui ressemble à une cage horizontale. Je suis au dernier étage bien sûr, et souvent, pendant ma grossesse, rejoindre la chambre est compliqué. Je dois m'arrêter deux ou trois fois dans les escaliers avant d'arriver au sommet. En rentrant de l'hôpital après l'accouchement, j'ai Steven dans les bras. Une dame âgée de l'immeuble est en train d'y pénétrer en même temps que nous et me voit composer le bon code. Me voyant très ennuyée, elle me dit, comme s'il elle faisait œuvre de mansuétude, que je peux prendre l'ascenseur principal qui mène jusqu'au cinquième et finir le dernier étage à pied. Mais « attention », me dit-elle avec gravité, cette permission exceptionnelle ne concerne que moi, et à la condition que j'aie le bébé dans les bras. C'est toujours ça de pris, mais quand j'y repense je suis prise de vertiges. Comment ai-je pu accepter ça ?

Je ne peux pas emmener Steven sur mon lieu de travail. Pour des raisons financières, je le fais garder en banlieue, mais très vite cette situation devient ingérable. La fin de ma collaboration avec la famille Kingston est donc annoncée, mais ça n'est pas si simple. Si j'arrête ce job, je perds aussi le logement et me retrouve sans domicile avec mon fils.

Juillet 2001, Steven a deux mois. C'est l'été. Comme chaque année, mes patrons se rendent dans la maison de famille de Saint-Tropez. Ils me demandent de venir pour garder les enfants. C'est un vrai dilemme pour moi, car je viens d'accoucher, et j'allaite mon bébé. Mais j'ai besoin d'argent. Je finis donc par dire oui. La mort dans l'âme, je laisse Steven quinze jours à un ami parisien de toute confiance. Je tire du lait un peu tous les jours, qu'on va congeler. J'achète quand même du lait en poudre. Bref, tout est sous contrôle.

À Saint-Tropez, entre deux baby-sittings, je fais du sport dans la piscine, je maigris et je retrouve la ligne très vite.

À mon retour, je sais que je vais devoir bientôt quitter la chambre, trouver un autre travail et un logement.

À la rentrée, la famille Kingston m'autorise après moult négociations à venir de temps en temps avec Steven chez eux. Le 11 septembre 2001, je suis dans leur appartement avec les trois garçons lorsque j'allume la télé, alertée par des amis, et assiste bouche bée à l'effondrement du World Trade Center. Devant ce qui ressemble à la fin du monde, j'ai peur et je pense à mon fils. Je comprends que je n'ai pas réellement mis de mots sur ce que je vis. Dès l'instant où Steven est entré dans ma vie, je ne suis plus seule bien sûr, mais je suis surtout responsable de lui et, comme ma mère avec moi, je veux le meilleur pour lui, et devenir meilleure moi aussi pour mon enfant.

Je sais que cela peut être surprenant d'associer cette prise de conscience assez profonde à l'attentat du 11 septembre, mais ces images d'horreur m'ont mise face à moi-même, à ma place dans le monde et à mes responsabilités.

Famille d'accueil
Le syndrome de la nounou

Je dois trouver un nouveau job et un nouvel appartement. C'est là qu'intervient à nouveau « Chantal », l'ancienne coiffeuse de ma mère, devenue femme de ménage. Grâce à elle, je suis contactée par des amis des Kingston, la famille Pafel. L'entretien se déroule bien jusqu'au moment où je comprends qu'ils ont appelé mes anciens patrons, ce que je trouve normal. Je découvre alors que Mme Kingston a prétendu que je lui avais volé des (contrefaçons de) T-shirts de marque rapportés de leurs vacances au Maroc. Elle en a donc informé avec gravité mes futurs employeurs. Je ne comprends pas cette attitude et cette grave accusation. Peut-être ne supporte-t-elle pas que je les quitte ? Nous aurions pu en parler, mais pourquoi m'accuser de vol ? J'ai un moment de panique, persuadée que je vais perdre toute chance de retrouver un emploi, mais je suis finalement tout de même embauchée. Cette nouvelle famille décide de rester sur la qualité de nos premiers rapports, simples et directs. Je ne remercierai jamais assez les Pafel de m'avoir accordé leur confiance. Pour la famille Kingston chez qui j'ai passé un peu plus d'un an, je ne saurai jamais ce qu'il a pu se passer et pourquoi on a été si injuste avec moi, au risque de m'empêcher de retrouver un travail.

Ma « nouvelle famille » vit dans une villa du 18e située dans une de ces ruelles fermées ou micro-quartiers de cœur d'îlots. Ils ont trois enfants, deux grands garçons et une fille de l'âge de Steven. J'aurai donc dorénavant quatre enfants à charge, dans un climat plus serein. Le deal est clair : je garde leurs enfants et le mien ensemble. De cette manière, je n'ai plus besoin de payer quelqu'un pour garder Steven, et surtout je passe mon temps avec lui au milieu des enfants dont j'ai la responsabilité.

Je dois à nouveau déménager pour me rapprocher de mon travail. J'essuie encore refus sur refus alors que cette fois j'ai une fiche de paie en bonne et due forme et un salaire très correct à mes yeux. Je gagne 1 800 euros net par mois. Mais en quelques années, les agences immobilières et les propriétaires ne sont pas devenus plus intelligents, et la jeune Béninoise que je suis n'inspire toujours pas confiance. M. Pafel, mon nouveau patron, finit par s'en mêler, et ça marche. Il verrouille le dossier et tape du poing sur la table. Heureusement qu'il est là.

Pour la signature du contrat, je dois quand même me présenter, et autant vous dire que la propriétaire, une dame toute sèche, me fait comprendre qu'elle n'est pas contente de cette situation qui visiblement lui a été imposée. J'ai même droit à un :

– Est-ce que vous cuisinerez beaucoup ? Vous comprenez, c'est un coin cuisine dans le salon, pas une vraie cuisine, alors il ne faudrait pas que cela embaume tout l'immeuble. Vous êtes sûre que vous ne recevrez pas souvent de la famille ?

Elle est à deux doigts de me demander si je vais sacrifier des animaux et organiser un culte vaudou dans l'appartement. La peur du sauvage, voilà ce que je lis dans ses yeux.

Je n'ai pas l'intention de laisser passer cette occasion, alors je réponds comme une gentille fille que tout se passera bien et qu'elle n'aura aucune raison de se plaindre de moi ni de mon bébé (sauf si évidemment il me prend l'envie de le manger, avec en hors-d'œuvre les autres enfants de l'immeuble. Comme j'aurais aimé lui répondre ça !).

J'habite donc dans le 18e, quasiment à l'angle de la rue Ordener et de la rue du Poteau. C'est un petit immeuble récent de trois étages sans ascenseur et je vis au troisième. J'ai 40 mètres carrés traversants.

Une princesse ! C'est la première fois que je dispose d'autant d'espace à Paris. Je suis à deux minutes à pied du domicile des Pafel, de leur pharmacie, du parc, de l'école des grands enfants et des commerces. L'emplacement idéal.

Une fois que nous sommes installés, d'autres questions surgissent. Je sais maintenant que je ne serai pas interprète à Genève ou ailleurs, mais je ne compte pas pour autant abandonner totalement mes études ni mon parcours professionnel. Je vais devoir changer de direction, mais dans l'immédiat je dois apprendre et découvrir mon rôle de maman. C'était compter sans la dépression post-partum. La naissance, les nouvelles responsabilités de mère célibataire au quotidien, la solitude, le doute et la peur de l'avenir. Je plonge dans une nouvelle dépression, mais personne ne doit le savoir. Je lutte contre tous les signes qui pourraient laisser entrevoir mon état. Je décide alors, contre l'avis d'Éric au départ, d'envoyer notre fils au Bénin. Les racines, toujours. Il y restera presque un an. Cette décision a été très douloureuse, mais j'avais besoin d'aller mieux pour m'occuper de lui et je me consolais en me disant qu'il allait faire connaissance avec sa famille, que c'était important. Pour supporter l'absence de Steven, je range soigneusement mes états d'âme dans un tiroir que je referme. Je vais appeler quasiment tous les jours. Je deviens la voix du téléphone. Ma mère me raconte tout ce qu'ils font.

Pour fêter ses 2 ans, il sera habillé en *àgbara* blanc, une tenue traditionnelle.

Je remonte doucement la pente et m'occupe des trois enfants de la famille Pafel. Je m'attache à eux. Je ne suis pas une deuxième mère, mais une grande cousine. Je m'occupe exclusivement d'eux : les devoirs, le bain, les sorties, les séjours chez les grands-parents à Trouville ou à L'Isle-Adam et Avoriaz. Je tente de garder un lien avec mon parcours universitaire, mais je me rends compte que j'ai beaucoup de mal à me replonger dans les cours et les bouquins. Je mets ça sur le compte de la fatigue, mais je comprendrai des mois plus tard que j'ai perdu tout souvenir de ce que j'ai appris auparavant et que je suis incapable d'intégrer de nouvelles connaissances. Je ne sais pas à quoi attribuer ce black-out sélectif. Je ne le saurai jamais vraiment, je n'ai jamais travaillé dessus, même si je pense que les événements qui ont jalonné ma courte vie parisienne ont joué un rôle dans cet effacement.

Seule avec mes questionnements, je prends conscience au bout de quelques mois que mon statut de nourrice ne me satisfait pas et que je ne suis pas à ma place. Cela fait plusieurs années que je fais ce métier, et j'en ai découvert quelques codes. Dans mon quartier comme dans tout Paris, il y a beaucoup de nounous d'origine africaine. Je comprends rapidement qu'il y a des « castes » qui ne se mélangent pas. Déjà, les nourrices se cooptent par famille et par pays. La plupart d'entre elles sont ivoiriennes ou centrafricaines, avec quelques Camerounaises et Sénégalaises. Avec ma nationalité béninoise, je ne fais pas partie du sérail. Au square Serpollet, où nous nous retrouvons souvent l'après-midi, les Ivoiriennes ne sont pas assises avec les Centrafricaines. Je suis beaucoup plus jeune que la majorité d'entre elles. Elles ont entre 35 et 45 ans, sont très apprêtées, beaucoup plus que moi, et surtout réunies en groupes compacts et peu partageurs. Je n'ai jamais de mauvais rapports avec elles, nous nous saluons poliment, mais il n'y a pas chez moi ce sentiment de « communauté professionnelle ». Un film raconte à sa façon cette vie parallèle avec justesse, *Les Femmes du square*. C'est Olivier, mon coauteur, qui m'en a parlé quand j'évoquais mes souvenirs. Je ne connaissais pas ce film. Je vis cette vie-là et je ne souhaite pas qu'elle se poursuive. Je ne suis pas venue à Paris pour ça. Je me refuse à toute familiarité avec mes collègues nounous. Je garde une distance, souvent avec un livre dans les mains que je regarde (mais ne lis pas toujours) comme pour me rappeler à moi-même que je dois vivre autre chose.

Pourtant, mes nouveaux patrons sont très attachants. Je deviens une sorte d'amie de la famille. Lorsqu'ils reçoivent du monde le samedi soir, Mme Pafel s'occupe des courses mais c'est toujours M. Pafel qui fait à manger. En les regardant, je me dis que si je réussis ma vie, j'aimerais qu'elle ressemble à la leur. Lorsque nous sommes en cuisine, M. Pafel m'initie à quelques plats typiquement français comme le pot-au-feu. Il le prépare et le raconte avec beaucoup de poésie. Il met de l'amour dans ses gestes, et choisit ses ingrédients avec un grand soin, notamment la viande. Trois morceaux sinon rien ! Un morceau maigre, un autre gélatineux et un dernier plus gras. Je revois la marmite d'eau frémissante dans laquelle allaient converser paleron (maigre), macreuse (gélatineuse) et plat de côtes (gras). J'entends ces mots pour la première fois. Côté primeurs, poireaux, carottes, navets, pommes de terre, oignons (piqués de clous de girofle), laurier, thym sont les stars végétales. Il ajoute de l'os à moelle et parfois de la queue, pour le goût. J'adore la queue de bœuf. Je découvre juste le pot-au-feu. Je découvre aussi les endives et les artichauts, les différentes formes de couteaux, les différents robots, et j'ai le droit de feuilleter tous ses livres de cuisine.

Les Pafel sont bienveillants avec tout le monde. Certains soirs, lorsque des amis arrivent chez eux pour dîner, ils me convient à l'apéritif, comme je me suis volontairement isolée et coupée de mes amis, ça me permet de maintenir une vie sociale. Je reste en leur compagnie une petite heure. Ils font tout pour que je me sente chez moi, mais il arrive que quelques-uns de leurs amis se permettent, à voix basse, des réflexions à mon égard qui me blessent. Un de leurs amis me dit clairement qu'il ne comprend pas du tout ce que, en tant que nounou, je peux bien faire là, au milieu d'eux. Dans son esprit, je n'ai pas ma place dans leur cercle. Je me sens alors obligée de me justifier en expliquant que je ne suis pas une « vraie nounou » ou plutôt « pas seulement une nounou », mais une étudiante qui compte bien changer de métier et réussir sa vie. Ces propos venant d'une jeune Béninoise, je le sens circonspect.

Je garde ce désagréable échange pour moi et, les fois suivantes, je trouve un prétexte pour ne plus être de la fête. Dans le fond, cela me convient aussi. Je dois rester à ma place. Après tout, en pensant à ma vie au Bénin, je me souviens que du temps de ma grand-mère les domestiques les plus proches n'étaient jamais à la même table qu'elle, et je suis une domestique, même si mes patrons ne me considèrent pas comme telle.

Pour ne pas risquer de devenir sans le vouloir la nounou noire qui s'incruste dans les soirées de la bourgeoisie parisienne et qu'on regarde de travers, je me prive de délicieux moments. Je sais que quand M. et Mme Pafel liront ces pages, ils tomberont sans doute de leur chaise, parce que ce genre de pensées et d'attitude leur sont totalement étrangères.

Je passerai néanmoins trois belles années à leurs côtés. M. Pafel deviendra même un confident et un bon conseiller, il me sortira parfois de situations personnelles très compliquées.

Steven me manque beaucoup. J'annonce à son père que je vais le faire revenir. Il est parti neuf mois. Ma mère le ramène à Paris où elle reste une petite semaine. Je suis devenue une étrangère pour mon fils malgré les photos qui ont toujours accompagné son séjour au Bénin. Quand ma mère part, il la cherche quelques jours avant de m'appeler à nouveau « maman ». Quel soulagement !

Mes rapports avec Éric sont alors cordiaux et sans aucune ambiguïté, en tout cas de mon côté. J'ai reçu son message 5 sur 5 : « Toi et moi, nous ne serons plus jamais ensemble. » Impossible d'imaginer dans ces circonstances la scène qui va suivre.

Lors d'un de ses séjours à Paris, Éric insiste pour m'emmener au restaurant. Tout se passe bien et ce dîner entre deux parents séparés se déroule dans les règles. Nous parlons de nous mais surtout de Steven, jusqu'à ce qu'Éric se fige et me regarde fixement :

– Georgiana, je sais que nous avons vécu des moments difficiles, mais j'ai beaucoup réfléchi et en réalité si je suis là c'est pour te dire que j'aimerais que nous nous retrouvions et que nous soyons de nouveau ensemble.

Il se lève :

– Mesdames, messieurs, s'il vous plaît, pardon de vous déranger, puis-je vous interrompre un instant et vous demander votre attention ?

Un ange béninois passe.

– Georgiana, tu m'as donné un garçon magnifique et je suis le plus heureux des pères. Si je suis venu te voir aujourd'hui à Paris, et si je nous ai réunis ce soir, c'est pour te demander ta main…

La salle applaudit.

Je bascule dans la quatrième dimension, et après quelques longues secondes de silence, je prends la parole alors que tout le monde nous regarde. Je demande gentiment à Éric de se rasseoir. Autour de nous, les clients, qui s'attendaient à un « oui » plein d'émotion et à reprendre leurs applaudissements, comprennent que le scénario ne ressemblera peut-être pas à un film hollywoodien et se penchent sur leur plat avec un air un peu gêné. Je baisse la voix pour reprendre avec Éric une conversation normale. Je lui explique que je suis un peu surprise et que, de toute façon, je me suis fait une raison depuis maintenant assez longtemps. Pour moi, c'est « non ».

Nous terminons notre dîner tranquillement.

Dans mon souvenir, Éric était triste, mais je crois qu'il savait que ça se terminerait ainsi.

Je mentirais si je disais que je n'ai pas été touchée et même flattée par cette demande en mariage. Pendant un court instant, je me suis même demandé s'il n'avait pas raison et si je ne devais pas accepter. Mais je suis une amoureuse et je sais que quelque chose a été rompu. Avec ou sans enfant, quand les sentiments ne sont plus là, il ne peut y avoir de couple.

Je ne me souviens plus précisément de la fin de la soirée, et c'est sans doute mieux. Ce que je sais, c'est que nous ne nous sommes pas disputés. Mon cerveau a effacé le reste. Éric est rentré en Allemagne le lendemain. J'ai pleuré sur notre échec, nos souvenirs, nos promesses et la fin de cette histoire qui avait commencé au Bénin et s'était terminée entre Paris et Dortmund.

Je précise qu'après une longue période un peu compliquée, j'ai aujourd'hui avec Éric des rapports très paisibles et basés sur une grande confiance. Il est rentré à Cotonou depuis quelques années, a créé une société de services qu'il dirige aujourd'hui. C'est un père formidable qui vit entre la France, l'Allemagne et le Bénin, et nous échangeons très régulièrement autour de notre fils, son éducation et son avenir. Depuis que Steven est en âge de comprendre, nous partageons nos décisions avec lui.

Chérie Sonia
Saint Patrick
Berceau marseillais

Steven et moi sommes à nouveau réunis. Je retrouve un peu d'énergie et d'envie. Je décide de m'occuper de ma vie sentimentale en tentant l'aventure des sites de rencontres qui se développent de plus en plus. Je m'inscris sur le plus connu d'entre eux et m'invente un pseudo qui accompagne une boîte aux lettres dédiée. Je serai « Chérie Sonia ». Les premiers hommes que je rencontre sont insignifiants. Pas de conversation, si ce n'est pour décrire en détail leur métier, leurs angoisses, leur divorce ou leurs attentes sexuelles. Aucun d'entre eux, en dehors d'une vague question polie sur moi dont ils n'écoutent pas la réponse, ne s'intéresse à autre chose qu'à eux-mêmes et à l'éventualité d'un rapport sexuel, immédiat si possible. Les bras m'en tombent, mais je décide que j'ai le temps. Un jour, je reçois sur mon compte un message personnel qui ne m'est pas destiné. Il est adressé à une certaine « Fatou », évoque l'hypothèse d'un rendez-vous, et est signé « Patrick ». J'écris à ce Patrick pour lui dire qu'il s'est trompé. Il me répond que quelques lettres seulement séparent l'adresse mail de Fatou et la mienne. Il est très gentil, doux et n'essaie pas de profiter de la situation pour ajouter un nom à sa liste de prétendantes. Il est désolé de cette erreur d'envoi et nous en plaisantons. C'est moi qui lui propose d'échanger des photos. Je veux savoir s'il peut me plaire.

Nous sympathisons vite et, sans nous en rendre compte, nous finissons rapidement par nous écrire tous les jours. Au bout de plusieurs semaines, nous ne nous sommes toujours pas vus. Il vit à Marseille, à 650 kilomètres de moi. Je me souviens très bien que pour nous parler pendant la journée je mobilisais l'ordinateur de la famille Pafel tout en gardant bien sûr un œil attentif sur les enfants.

Patrick a une maîtrise de lettres et il est, depuis quelques années, documentaliste intermittent pour une chaîne de télévision locale. Je ne sais absolument pas ce que ça veut dire, il m'explique qu'il archive les images et effectue des recherches qui nourrissent les enquêtes des journalistes. Il lui arrive même souvent d'être à l'origine d'une idée de reportage et d'y participer en le documentant. Il aime beaucoup son métier. Je décide d'aller le rencontrer à Marseille une fois, puis deux.

Pour le moment, notre relation reste amicale, et durant nos conversations je me livre beaucoup, de manière très naturelle. Ce sont ces échanges qui m'aident à comprendre que ma situation et mes ambitions sont au point mort, et que je dois me réveiller.

Dès le départ, je lui trouve beaucoup de charme et de très beaux yeux. Il est un peu trop menu à mon goût, mais tellement adorable. Il a beaucoup d'esprit et il dégage une vraie gentillesse. Bref, il est craquant.

La première fois qu'on se voit, je lui dis, avec ma « grande bouche » (expression marseillaise pour ceux qui parlent fort et sans réfléchir) :

– Il va falloir qu'on te relooke !

Ça le fait sourire, mais je suis sérieuse. Il se cache derrière des vêtements bien trop grands.

Nous nous rapprochons, et une véritable histoire d'amour se construit naturellement. Il est discret, présent, et ne ressemble à aucun des hommes que j'ai pu rencontrer jusque-là. Il me fait du bien et j'aime nos moments à deux. Lorsque je rentre à Paris, il me manque, j'ai besoin de le voir et je n'aime pas quand nous sommes séparés. Il m'apaise et me donne le sentiment d'entrevoir enfin une vie normale et sereine. Je me rends dès que je le peux à Marseille, dont je tombe tout de suite amoureuse également, mais c'est surtout Patrick qui vient à Paris. Son statut d'intermittent, avec un emploi du temps aléatoire, lui octroie des jours de liberté qu'il va très vite partager avec moi.

C'est avec Patrick que je retourne à la tour Eiffel, dans les musées et les expos. Steven nous accompagne lorsqu'il n'est pas en week-end avec son père.

Nous découvrons les bateaux-mouches. Cette croisière parisienne, à mon initiative, a été l'occasion d'un grand moment de gêne. Nous étions à table et Paris défilait sous nos yeux lorsque Patrick a remarqué que je n'avais pas touché à mon verre à vin. La vérité est que j'espérais qu'il ne le remarque pas. Je savais pertinemment que l'alcool était mon ennemi. À l'époque, un seul verre me faisait l'effet d'une bouteille entière, mais je n'osais pas le lui dire. J'ai donc joué la surprise :

– Oh, eh bien dis donc, je n'avais pas vu que j'étais servie !

Et j'ai bu ce verre de vin. Comme je le craignais, quelques minutes plus tard, mes paupières m'ont lâchée, et je me suis endormie entre deux plats sur la nappe blanche de notre table, alors que nous parcourions la Ville lumière au milieu d'une assemblée de couples en lune de miel et de rendez-vous romantiques. Patrick s'est donc retrouvé devant une pauvre Béninoise qui dormait par intermittence sur la table et, grand seigneur, il est resté élégant jusqu'au bout. J'ai ouvert les yeux à l'arrivée, sous les regards médusés de nos voisins, mi-amusés mi-choqués par cette scène surréaliste.

Je n'avais raconté cet épisode à personne, et me voilà transparente devant vous, toute honte bue, comme ce maudit verre de vin. Cela dit, Patrick et moi avons souvent évoqué cette sieste inattendue en riant, sans jamais en parler aux enfants !

Ces moments à Paris étaient beaux, simples et touchants. Les rapports avec Steven étaient fluides et naturels aussi. J'étais une maman amoureuse et heureuse. J'avais simplement oublié de me faire plaisir depuis trop longtemps.

Tout est tellement évident entre Patrick et moi que nous décidons de vivre ensemble. Il cherche sans succès du travail à Paris et c'est finalement moi qui vais choisir de le rejoindre à Marseille. À ce moment-là, je suis en train de régulariser la situation de mon séjour sur le territoire français. Étant entrée dans le pays avec un visa étudiant et n'étant plus inscrite à la fac pour la première fois, mon titre de séjour n'a pas été reconduit de manière automatique. Je me retrouve donc en situation irrégulière avec une OQTF[3] et me vois déjà dans un charter direction le Bénin, sans mon fils. Inutile de vous dire dans quel état cette idée me met. À chaque sortie dans la rue ou les transports en commun avec les enfants dont j'avais la garde, j'avançais dans la ville avec la peur d'être obligée de montrer mes papiers lors d'un contrôle d'identité, ce qui ne m'est finalement jamais arrivé.

Il m'a fallu quelques mois de pérégrinations administratives pour avoir gain de cause et retrouver mon titre de séjour, grâce notamment à mon contrat

3. Obligation de quitter le territoire français.

de travail, mais aussi parce qu'au départ j'étais entrée légalement sur le territoire. Je pouvais donc rester en France et y envisager un avenir sereinement.

Pour moi, cet avenir était clairement écrit aux côtés de Patrick, mais je ne pouvais pas laisser tomber mes patrons en pleine année scolaire. J'ai donc pris la décision de prolonger avec eux et les enfants jusqu'aux grandes vacances, six mois plus tard.

Nous voilà au mois de juillet 2004, et ma nouvelle vie peut commencer. Il faut quitter Paris et la famille Pafel. La séparation est douloureuse et émouvante, mais nous savons que nous nous reverrons. C'est ce qui va se passer. Je ne les ai jamais vraiment quittés, puisque leur fille cadette est venue plusieurs fois chez moi à Marseille pendant les vacances et qu'aujourd'hui encore nous nous voyons régulièrement.

Je me souviens de mon arrivée à Marseille, dans une camionnette de location remplie à ras bord de vêtements, de jouets et de livres. Patrick est avec nous, bien sûr. Il vit dans un grand appartement au fond d'une cour de la rue de Rome (une rue du centre-ville qui débouche sur la Canebière) dans un vieil immeuble de charme comme Marseille en possède, avec des tomettes au sol, une grande cuisine, un bureau et deux chambres spacieuses et très calmes. Il loue une des chambres à une jeune femme qui s'apprête opportunément à quitter l'appartement. La chambre de sa colocataire va devenir celle de Steven.

Patrick n'a pas d'enfant mais il les aime beaucoup, et son attitude avec Steven n'est jamais surjouée ni superficielle. Il est lui-même et communique beaucoup avec mon fils, de manière très naturelle. Je lui trouve une vraie fibre paternelle, à moins que cela ne soit son éternelle âme d'enfant qui me laisse penser qu'il serait un bon père. Dans l'appartement, il est très présent. Nous partageons les tâches ménagères et même parentales. Il donne le bain à Steven, le dépose et va le récupérer à l'école, l'emmène au parc et semble apprécier autant que mon fils leurs moments à deux.

Steven sait pertinemment par ailleurs qui est son père et comprend la notion de « l'amoureux de maman ». La complicité entre mon fils et Patrick ne fera que grandir avec les années, et ils développeront des rapports de grande confiance en dehors de moi. C'est encore le cas aujourd'hui.

Je m'acclimate très rapidement à Marseille. Mieux que ça, je m'y sens chez moi. Il y a une sorte d'évidence dans cette vie marseillaise, et notre petite famille recomposée y évolue dans une harmonie parfaite. Quelques mois après notre installation, Patrick propose que nous nous mariions. Tout cela va très vite. J'avais fait le deuil du mariage et lui m'avait dit qu'il y était plutôt défavorable. Je suis surprise, mais très touchée.

Pour être précise, il a fait sa demande à deux reprises. La première fois, un an avant, lors d'un séjour marseillais, nous rentrions d'une soirée un peu arrosée et, dans la conversation, sur le canapé, il m'a dit : « Et si on se mariait ? » Pas convaincue par la lucidité du garçon au moment de la proposition, je lui ai répondu qu'il devrait y réfléchir et qu'il avait peut-être un peu trop bu. Il a attendu neuf mois pour réitérer sa demande et me parler de la famille que nous allons construire ensemble. J'essaie de ne pas le montrer, mais je suis bouleversée.

La cérémonie nuptiale a eu lieu en février, sous la neige, dans le village de ses parents en Haute-Loire. La mairie était en travaux, nous nous sommes donc mariés dans un Algeco, au beau milieu d'un environnement blanc immaculé. Nous ne voulions pas d'une cérémonie protocolaire, en tenue de gala. Nous avions décidé de nous marier en jean. Le jour J, j'avais finalement opté pour un tailleur beige et un chapeau marron (« souvent femme varie »...). Patrick était en jean, comme prévu, avec une chemise blanche et un très beau manteau bleu marine. Steven était tout beau en costume avec un nœud papillon. Ma mère ne pouvait pas être présente, elle m'avait envoyé une magnifique parure de bijoux apportée par sa sœur qui vivait en région parisienne et mon frère venu pour l'occasion. La famille Pafel avait tenu à nous offrir un cadeau en demandant à l'un de ses amis, un photographe professionnel, d'immortaliser l'instant.

Un très beau souvenir qui demeure aujourd'hui.

Le goût de Marseille

À Marseille, les amis de Patrick deviennent mes amis et, de mon côté, je rencontre très vite une petite bande de Marseillais de toutes les couleurs et toutes les cultures. On se voit après leur travail pour boire un verre, mais on se reçoit aussi les uns les autres, on se fait à manger, on teste beaucoup de plats et on se compare, une sorte de « Dîner presque parfait » en vrai. Je sais depuis longtemps que j'ai la cuisine dans la peau, mais je ne me suis jamais décidée à me lancer. Mes tests grandeur nature se passent bien. Mes amies valident mon loup en croûte de sel, mes salades à base de quinoa, de courge confite, de graines de courge, de mozzarella, de quelques pousses d'épinard, copeaux de poire crue, d'amandes entières torréfiées, d'olives noires déshydratées en poudre, de beaucoup d'herbes et de vinaigrette citronnée. Mon mari fait aussi partie de mes premiers cobayes et, portée par une belle énergie positive, je me décide à ouvrir une saladerie.

Après quelques semaines de recherche, je trouve un local rue de la Palud tout près de chez nous, et dans ma tête l'aventure commence. Cependant, dès que je veux créer ma petite société, tout se complique. Je n'ai pas la nationalité française, mais quand on veut entreprendre et prendre des risques, les portes doivent s'ouvrir, non ? Quelle cruche ! Je comprends que sans carte de commerçant (le sésame pour toute création d'entreprise lorsqu'on est étranger), je ne peux rien faire. C'est mon amie Carole, une Béninoise expert-comptable, qui va me conseiller à l'époque. Je décide donc de faire les choses dans l'ordre avec la Chambre de commerce de Marseille, et m'inscris à un programme de création d'entreprise tout en continuant à travailler mes recettes de salades en attendant que la carte de commerçant me soit délivrée, au bout de six mois environ m'avait-on dit. Je suis donc contrainte d'arrêter provisoirement de rêver à ma saladerie, mais je sais malgré tout que quelque chose s'est enclenché et qu'un jour j'aurai mon endroit, comme ma mère qui avait créé son maquis à Cotonou. À la fin de ma formation, le local que j'avais repéré est occupé et je dois attendre qu'une nouvelle occasion se présente. En vain.

Je trouve un boulot chez Cityvox, un des tout premiers sites de référencement des cafés, hôtels et restaurants de France, une sorte d'ancêtre des City Guides. Avec

Patrick, nous sommes très heureux et tranquilles, et nous parlons de plus en plus d'enfant. Personnellement, j'en veux encore même si Steven fait mon bonheur, et Patrick en veut aussi. Très vite, nous aurons Paul-Arthur, un ange, après une grossesse calme et sereine, dans un climat familial délicieux.

Je me souviens de ces années-là comme d'une période de grâce. La maternité dans toutes ses étapes m'épanouit totalement. Je la vis comme un état de plénitude absolue.

Un événement très triste vient pourtant interrompre ces instants de bonheur. Quelques semaines après la naissance de Paul-Arthur, je suis en congé maternité et j'allaite avec une insouciance parfaite. Le téléphone sonne. C'est ma mère qui m'annonce la mort de Georgette, le 12 septembre 2006.

Grand-Maman, le modèle de toutes les femmes de la famille, est partie. C'est un véritable choc. Mes genoux flanchent, je sens en moi un vide qui m'aspire et je dois m'appuyer sur le mur pour ne pas tomber. Je me reprends. Tout de suite, je dis à maman que je prends un billet d'avion et que j'arrive le lendemain à Cotonou. Elle a évidemment suivi ma grossesse et la naissance de près, et m'interdit de venir. Non seulement j'allaite, mais Paul-Arthur est vraiment trop petit pour voyager. Ma grand-mère avait demandé par écrit qu'aucune veillée ni exposition du corps ne soit organisée. Juste une cérémonie sobre, intime et familiale. Je suis pendue au téléphone tous les jours, et les images de Grand-Maman se bousculent dans ma tête. Je déteste être si loin des miens à ce moment-là, et j'en souffre encore aujourd'hui en l'écrivant. Savoir que toute ma famille est réunie autour d'un aïeul pour lui dire au revoir et ne pas être là est une douleur que connaissent de nombreux expatriés, volontaires ou contraints. C'est un moment de grande solitude et de profonde culpabilité, où l'on se demande pourquoi on est partis et quel sens ce départ a donné à notre nouvelle vie si éloignée de l'essentiel – notre famille, nos racines, notre existence même. La présence de mes garçons, et notamment celle de Paul-Arthur, ce bébé si petit et si dépendant de moi, me ramène à un autre essentiel, la vie continue. Je comprendrai plus tard à quel point ma grand-mère portait, y compris après son revers de fortune, l'ensemble de sa famille. Personne ne fera fructifier tout ce qu'elle a laissé. J'ai presque un sentiment de colère quand j'y pense, et parfois j'en veux un peu à ma mère et à mes oncles et tantes. Du formidable succès de Georgette, il ne reste quasiment plus rien. C'est sans doute pourquoi, à défaut de leur laisser des biens matériels, j'essaie d'inculquer à mes enfants la valeur du travail, du respect et par-dessus tout de l'amour.

Comme une mauvaise nouvelle n'arrive jamais seule, j'apprends quelques semaines après l'enterrement que ma mère s'est séparée de son compagnon dont elle vient d'apprendre le mariage avec une autre femme dans la presse locale, alors qu'ils étaient encore ensemble. Qui ose se comporter comme ça après vingt-cinq années de relation ? Tout le monde est sonné. Décidément, cette famille n'a rien d'ordinaire. Les événements les plus durs et les plus farfelus s'enchaînent. Ma mère, qui semble en avoir vu d'autres, a l'air d'encaisser la nouvelle avec stoïcisme, ou fatalisme, je ne sais pas. Elle parle peu et j'en suis réduite à tenter de deviner ce qu'elle ressent.

Je reprends le travail à l'agence après mon congé maternité, et je tombe enceinte de Margot assez vite, ce qui m'entraîne dans un nouvel espace-temps délicieux. Steven a 5 ans à la naissance de Paul-Arthur et 7 à celle de Margot. Il est extrêmement patient, attentif et gentil avec eux. L'arrivée de ses frère et sœur est une grande joie pour lui, même s'il ne l'exprime pas avec ces mots. En ce qui me concerne, je veille à ce que le lien fraternel ne soit jamais fragilisé par quoi que ce soit. Margot est merveilleuse. Avoir une fille me remplit de bonheur.

Me voilà donc avec un fils, deux bébés et un mari, tous adorables. Notre vie méditerranéenne est simple et douce. Patrick a un salaire correct mais précaire à la télévision régionale, et je continue à travailler sur les guides. Cela me plaît et l'ambiance de travail est agréable, mais au bout d'un an au sein de cette entreprise les associés se séparent et je suis l'un d'entre eux qui monte une agence de marketing spécialisée dans les cosmétiques et les marques de luxe. Je suis chargée des relations clientèle. En parallèle, je n'ai pas abandonné l'envie de faire à manger et j'organise dans l'entreprise un coin cuisine où je propose aux salariés des plats le midi à 5 euros. Philippe, mon patron, a beaucoup soutenu cette initiative. Chaque après-midi, ils passent tous commande, et le lendemain matin je débarque avec les plats cuisinés la veille ou le matin même à l'aube. Je les dépose au coin cuisine et je commence mon « vrai travail » dans la foulée. C'est à ce moment-là que je comprends de manière très concrète ce qu'implique le métier de « faire à manger pour des gens en ayant une famille ». C'est sportif, mais j'adore ça. Au bureau, mes petits plats plaisent à tout le monde et ça me donne envie de continuer. J'explore encore plus de recettes du répertoire français, mais il faut maintenant que je franchisse une étape et que j'apprenne vraiment les bases.

Je continue de dévorer tous les livres de recettes que je peux trouver, emprunter ou acheter. Je commence par les best of, les classiques de chez Marabout, les best-sellers de José Maréchal, mais aussi *La Cuisinière provençale*, un classique du Sud, des livres sur les desserts, *Je veux du chocolat* de Trish Deseine, *Solution macarons* de Mercotte (que je découvre en ligne grâce à son blog). Jean Sulpice, Alain Ducasse, Passard ou Chapel, et des dizaines d'autres. Mon appétit en la matière est insatiable. Je lis attentivement. Je ne reproduis jamais les recettes à l'identique. Je m'en inspire plutôt. Je les partage même parfois sur « Cooking Girl's », un petit blog que j'ai créé quelques années auparavant. Mes amies et mes collègues me demandent aussi de poster des plats qu'ils ont aimés afin de les reproduire chez eux.

J'ai 30 ans et l'impression de véritablement commencer ma vie professionnelle, et passionnelle, d'une certaine façon. Je suis et serai éternellement reconnaissante à Patrick, mon mari, avec qui j'ai su créer un environnement fluide, calme et harmonieux. Les enfants grandissent et sont de plus en plus beaux, et je me sens assez solide pour me lancer.

Mes copines de jeux culinaires sont toujours là, plus que jamais même, et me soutiennent tous les jours. Elles sont aussi, comme Patrick et les enfants, mes cobayes quasi permanents. Je teste toutes les recettes sur elles, sur nos couples d'amis et parfois plus largement en invitant des voisins et des connaissances plus lointaines à des déjeuners que j'organise dans les parties communes de notre immeuble. Cela donne lieu à des moments de partage formidables, et j'ai enfin un « vrai » public pour mon travail en cuisine. Je demande en retour des avis sincères, tout le monde joue le jeu. J'ai beaucoup appris de ces repas tests, mais j'ai besoin de vrais professeurs. Je suis quelques cours dans un atelier de cuisine marseillais près de la préfecture pour confirmer et affiner mes connaissances.

Je me prépare vraiment à franchir le pas et à créer quelque chose. Le samedi à la Maison Empereur, une institution marseillaise incroyable où l'on trouve entre autres les plus beaux ustensiles de cuisine du monde, des anonymes comme moi à l'époque peuvent cuisiner une recette en direct pendant une heure contre un bon d'achat dans ce magasin légendaire. Il se trouve que, en parallèle, la chaîne M6 cherche à renouveler les émissions de cuisine et des candidats pour son nouveau programme : « Un dîner presque parfait ». C'est la personne de la Maison Empereur qui me met en contact avec la production. Ce programme est fait pour moi. À quelques détails près (notes et dramaturgie), c'est exactement ce que nous organisons avec mes amis passionnés de cuisine. Je passe les tests, j'envoie des photos et je suis prise pour l'émission de Marseille ! Première victoire. Le tournage se déroule tous les soirs quand je sors du travail. Les autres candidats et les lieux des dîners sont révélés au fur et à mesure. Cet univers est une découverte totale qui m'amuse beaucoup. Lorsque l'émission est diffusée, je suis étourdie par les retours. Je reçois des dizaines d'appels, des centaines de messages d'amis que je n'avais pas vus depuis longtemps, et dans les transports en commun marseillais on me reconnaît et on me salue comme une personnalité locale. Je mesure alors la puissance de la télévision. La mayonnaise retombe assez vite et rien ne change après cette notoriété provisoire, à l'exception d'une rencontre. Le gagnant de l'émission marseillaise s'appelle Jean-Yves, il est cévenol, nous nous sommes beaucoup appréciés et nous nous revoyons en famille l'été suivant. Il est le premier à me dire que je dois m'ouvrir à la grande cuisine française. Il me fait découvrir le gibier, le Gargouillou de Michel Bras et beaucoup d'autres plats.

Il participe à de nombreux concours et me parle du concours Taittinger, réservé aux cuisiniers amateurs. Nous décidons d'y participer tous les deux séparément. Il me conseille alors de me faire accompagner d'un chef. Je ne connais personne, même si je fréquente quelques bonnes tables dès que je peux. Jean-Yves me cite alors Lionel Lévy qui s'est fait un nom à Marseille avec une étoile pour son restaurant Une table au Sud sur le Vieux-Port. Je vais le voir au culot pour lui demander son aide pour le concours. Me voilà, moi, Georgiana, c'est-à-dire personne, dans son restaurant après le service. Le chef me repère. Je l'interpelle :

– Bonjour !

– Bonjour, qui êtes-vous ?

– Je m'appelle Georgiana, je suis mère de trois enfants et je voudrais participer au concours du Cordon Bleu de Taittinger pour les amateurs. Je voudrais savoir si vous pouvez m'aider.

– Ici on est dans un restaurant professionnel, madame… mais votre histoire me plaît bien. Vous êtes touchante. Revenez le week-end prochain avec les ingrédients et le règlement intérieur, et je verrai ce que je peux faire.

Je reviens le week-end suivant, il s'étonne de ma présence.

Je lui rappelle notre conversation et il me donne rendez-vous la semaine suivante. Vous rendez-vous compte de la générosité de cet homme-là, un chef étoilé qui accepte sans me connaître de me recevoir, puis de m'aider à préparer un concours, en prenant sur son temps ?

Nous nous revoyons comme il me l'a promis et il m'abreuve de conseils. Je suis comme une enfant à Disneyland.

En rentrant à la maison, je rédige mon projet et l'envoie au concours Taittinger. Mon dossier est finalement retenu, mais celui de mon ami Jean-Yves, à qui je dois cette participation, est refusé. Je suis triste pour lui, mais il m'encourage. Quelques semaines plus tard, me voilà à Paris pour la demi-finale. Je passe ce nouveau cap et me retrouve à Reims pour la finale de mon premier concours de cuisine. Je suis très impressionnée par les caves de champagne que je visite et les chefs que je croise. Je dois travailler la sole. Je fais de mon mieux et je choisis d'ajouter dans mon beurre blanc de la citronnelle. Le grand chef Régis Marcon, triplement étoilé, vient me voir après les résultats pour me dire que je suis passée à côté des deux premières places à cause de ce choix. Je serai donc troisième, ce que je considère déjà comme une magnifique nouvelle. J'appelle Lionel Lévy, mon coach, qui me félicite. Lorsque je le retrouve à Marseille, il me regarde en souriant et me dit, en toute sincérité, qu'il espérait que je réussirais mais qu'il avait du mal à y croire.

Je veux revenir sur un point qui m'est cher. On parle beaucoup de l'égoïsme lié à la réussite en général, or, dans le monde de la cuisine, on ne réussit jamais seul. On travaille toujours en équipe, mais aussi pour et avec nos clients.

Si je vous en parle, c'est que notre milieu est fait d'ego mais aussi d'entraide et de fraternité ou de sororité. Nous avons tous été portés et aidés à un moment de notre parcours, et majoritairement nous essayons de le rendre. Je veux dire ma profonde reconnaissance à Lionel Lévy que je retrouverai plus tard sur mon chemin et à qui je dois tant.

En sortant du Taittinger, je suis dans une certaine ivresse. C'est fou que quelqu'un comme moi puisse avoir été choisie par de grands professionnels. Cette première reconnaissance me fait gagner un bonus de confiance et je réfléchis activement à mon installation prochaine.

Après mon aventure malheureuse de la saladerie marseillaise, je rêve de Bénin, et mon mari me soutient totalement. Avec Patrick, nous décidons de tenter l'aventure. Je quitte mon emploi, un peu inquiète mais dopée par le Taittinger. Le jour où je quitte l'agence, je pleure beaucoup et remercie longuement mes collègues et mon patron qui ont été des soutiens sans faille et de vrais amis. Je sais que la suite doit maintenant se dérouler au Bénin. À distance, via Internet, je repère des lieux possibles pour ouvrir mon restaurant à Cotonou. Il s'appellera le Georgia's, et je fais appel à Boris, un ami d'enfance, pour l'identité visuelle. Je trouve assez rapidement mon bonheur dans le centre-ville dans une ancienne onglerie. Je réserve tout de suite le lieu et un billet d'avion. Notre projet familial se concrétise. Je réfléchis jour et nuit à mon restaurant, et Patrick est à l'affût des offres d'emploi. Je m'envole vers le Bénin.

J'arrive à Cotonou, accueillie avec émotion par ma famille qui avait suivi à distance mes premières réussites en France. Tout le monde semble se réjouir de ma décision de m'installer au pays, et je me sens portée par les miens. À peine arrivée chez ma mère, Patrick m'appelle de Marseille :

– Ma chérie, on a reçu un courrier ce matin à la maison. Un courrier pour toi de TF1.

Je ne comprends pas bien, mais je demande bien sûr à Patrick de l'ouvrir.

– C'est une convocation pour un casting, pour un concours de cuisine, « MasterChef », sur TF1. C'est dans trois jours, à Marseille.

Master quoi ?

Je ne sais comment réagir à cette proposition tombée du ciel. Je suis ici, à Cotonou, aux balbutiements de ma nouvelle vie, et cette lettre arrive comme un pavé dans la mare, un joli pavé mais un gros caillou quand même ! Je ne connais pas cette émission, « MasterChef », et c'est normal parce qu'il s'agit de la toute première édition. Je ne sais pas par quel bout prendre cette nouvelle. J'appelle mon ami Jean-Yves, et il m'apprend qu'il fait également partie des sélectionnés ! J'en parle à Patrick, puis autour de moi à Cotonou, et nous décidons après une journée d'échanges et de réflexion qu'il faut y aller et qu'une occasion comme celle-là ne se représentera peut-être pas, d'autant plus que je n'ai jamais postulé pour ce programme, contrairement à « Un dîner presque parfait ». J'apprendrai un peu plus tard qu'une de mes anciennes collègues, Morgane, m'avait inscrite sans me le dire. On doit vraiment toujours quelque chose à quelqu'un. Merci Morgane pour ce geste si généreux.

Tout va ensuite très vite. Je visite tout de même le site de mon atelier béninois, pensant y revenir rapidement. L'audition est dans un jour et demi et il y a six heures trente de vol pour revenir en France. Je saute donc dans un avion. Dans l'émotion, j'ai mal calculé et je me rends compte que j'arrive à Paris puis à Marseille la veille de l'audition, tard le soir. Je prends connaissance du courrier et des instructions : je dois me présenter le lendemain à 9 heures avec un plat préparé ! J'ai à peine le temps de poser mon gros sac de voyage chez moi. Je regarde dans mon congélateur ce dont je dispose et ce que j'y trouve me fait penser à une recette de Joël Robuchon que j'avais déjà réalisée pour mon blog. C'est un flan de foie gras et velouté de fèves. Je passe la nuit à concocter ma recette. À 9 heures le lendemain, j'arrive exténuée au casting. Cela se passe au parc Chanot, près du stade Vélodrome, là où tous les grands événements commerciaux se déroulent à Marseille. Je connais l'endroit, et même si je n'ai aucune expérience de ce genre d'épreuve, je me sens un peu à la maison. Nous sommes 5 000 venus de toutes les régions de France et appelés 10 par 10. Je vais attendre toute la journée de passer devant des anonymes qui goûtent nos plats et décident si nous pouvons revenir le lendemain. Jean-Yves n'est pas sélectionné. Je suis triste pour lui et à deux doigts de lui donner ma place si je suis choisie. Il me dit que c'est hors de question et me propose même de rester un jour de plus comme c'était prévu pour m'aider à aller plus loin. Solidarité, générosité, toujours. Merci mon Jean-Yves. Je suis retenue. Un miracle.

Pour le deuxième tour, c'est une autre histoire. Le cahier des charges est le suivant : arriver avec des ingrédients bruts que l'on cuisine sur place devant un véritable jury de professionnels cette fois. Honnêtement, c'est la panique. J'ai deux heures devant moi avant la fermeture des commerces et je dois me débrouiller parce que l'épreuve est tôt le matin. Avec Jean-Yves, nous courons dans un magasin d'alimentation avec comme seul objectif de trouver une inspiration. Je me souviens de ce moment comme si c'était hier, et j'ai encore le goût du stress dans la bouche. Le temps file, il faut absolument choisir une option. Jean-Yves me suggère un plat qui parle de Marseille et de mes origines. Nous nous arrêtons sur un loup, au fenouil pour la touche marseillaise, et au gingembre pour le côté béninois. Le lendemain, retour au parc Chanot aux aurores. Nous sommes environ 300. Je passe dans les derniers candidats et j'observe les autres impétrants s'avancer avec des plats hyper sophistiqués. Avec mon loup, je me sens ordinaire et bien peu ambitieuse. L'heure venue, je me lance dans une sorte de demi-conscience. Tout se passe normalement, mais pendant que je cuisine, Carole Rousseau, l'animatrice, m'interroge et me demande si je pense réussir. Je ne sais pas quoi répondre. Il ne reste que deux tabliers à décerner pour poursuivre le concours. Dans le jury, j'aperçois Yves Camdeborde et Frédéric Anton. Je n'ai jamais mangé chez eux, je ne connais pas bien leurs parcours, je me sens sotte. À leurs côtés, Sébastien Demorand mène les débats. Je ne le connais pas non plus et j'apprends ce jour-là par un assistant qu'il est l'un des critiques et chroniqueurs gastronomiques les plus célèbres de France.

J'ai remarqué que quelque chose se produit systématiquement en moi dans ce genre de situation, comme un processus inconscient de lâcher-prise. Tout devrait me pousser à mourir de trac, à être paralysée ou incapable de me mettre en mouvement, mais à chaque fois un « mécanisme interne » déclenche un relâchement – qui pourrait ressembler à de la désinvolture mais qui, avec le recul, est ma manière à moi de me dire : de toute façon, tu y es, tu n'as plus rien à perdre, alors lâche-toi complètement et sois qui tu es, sans avoir peur. Le problème, c'est que par nature je peux être très cash, avec peu de conscience de la hiérarchie et capable de répondre n'importe quoi à n'importe qui, sur un coup de tête.

Je ne raisonne pas ce processus mais il existe et m'a souvent sauvée, même si parfois il m'a aussi mise en difficulté, vous allez le voir dans les lignes qui suivent.

Je me retrouve en plateau devant une dizaine de caméras, et je dois répondre à des questions avant de cuisiner. Je ne m'y attendais pas du tout. Je suis pétrifiée. Néanmoins, comme je viens de vous l'expliquer, le déclic se produit et je décide intérieurement de me lâcher. Je n'ai jamais été cheffe ni même sous-cheffe dans une brigade, je ne connais pas ce monde et rien aux étoiles. Au secours ! Je n'ai donc rien à perdre.

Mon entretien débute devant les chefs, que je n'ose absolument pas regarder. Sébastien Demorand m'interroge. Il a un regard intelligent, doux et bienveillant. Il me fait penser à Assurancetourix, le barde des banquets d'Astérix et Obélix, toujours attaché et bâillonné à la fin des BD. Il me demande si je fais ce plat en hommage à Fréderic Anton. Je réponds :

– Qui ?

La honte. Je ne sais plus quoi ajouter pendant les deux ou trois secondes de silence qui en paraissent cent, et je poursuis en souriant :

– Vous savez, depuis tout à l'heure vous me faites penser à quelqu'un, et j'ai trouvé ! Vous ressemblez au barde d'Astérix.

J'ai peut-être fait une énorme bêtise. Le plateau éclate de rire. Ça me décoince, mais peut-être que lui l'a mal pris. Je continue l'entretien tant bien que mal et ça passe. Je poursuis sur ma délicate lancée et plaisante avec les chefs que je taquine pour compenser le terrible sentiment d'imposture qui me crie dans l'oreille : « Qu'est-ce que tu fais là, Georgiana ?! »

Je me lance enfin dans mon loup au gingembre. Lorsque les chefs goûtent, ça ne se passe pas trop mal, mais sans grand enthousiasme. Je ne sais pas quoi en penser et je quitte le plateau, circonspecte. Tout de suite, en coulisses, un assistant me rassure gentiment et me dit que ma nature a « tout emporté ». Ils ont dû se parler dans l'oreillette. Je me demande donc si mon tempérament n'a pas compensé mon manque de talent. En tout cas, je repars avec un tablier et je suis officiellement candidate de la première saison de « MasterChef ». C'est incroyable…

La production m'annonce que je vais devoir rejoindre Paris pour la suite du concours. Je rentre à la maison et annonce les deux nouvelles à Patrick et aux enfants. (Bonne nouvelle, maman est retenue, mauvaise nouvelle, elle part à Paris pour plusieurs mois.) Patrick me prévient immédiatement : il ne veut pas apparaître dans les reportages de l'émission. Je le respecte. La nouvelle se propage à grande vitesse et, en plus de mon premier cercle familial, tous mes amis me soutiennent. Ce qui arrive est un peu dingue.

Quelques semaines plus tard, je rejoins la capitale, mais personne n'est capable de me dire pour combien de temps exactement.

Ce concours de cuisine est une chance et un sacrifice. À 600 kilomètres de mes enfants et de mon mari, sans revenu, « enfermée » pendant un temps imprécis (trois mois maximum), je vais vivre l'envers du décor d'un *prime time* pour une chaîne nationale, et je risque fort de déprimer. Nous sommes cent candidats venus de toute la France pour entrer dans la grande cuisine de « MasterChef ». De nombreuses épreuves nous attendent pour passer de cent à vingt. Nous arrivons à 6 heures du matin pour la première épreuve. La production nous demande de réaliser la « mayonnaise de notre vie ». Il y a beaucoup d'expressions comme celles-là qui me font sourire. Personnellement, la « mayonnaise de ma vie » n'existe pas, mais je comprends le message. Pour tout le monde, c'est la douche froide (une mayonnaise ?!), mais en réalité c'est un véritable défi. Je passe le cap de la « mayonnaise de ma vie ». Les épreuves s'enchaînent, autant que les départs des candidats éliminés. Tous les jours, le nombre d'élus diminue et, au bout de quinze jours, nous ne sommes plus que 20, les finalistes. Nous nous connaissons déjà puisque nous nous fréquentons depuis les débuts du tournage.

Lorsque nous entrons dans la maison du concours, très « Star Academy style », des affinités se sont déjà créées et une légère crispation s'installe insidieusement.

Pas de coup bas entre candidats, mais nous sommes inévitablement en concurrence et ne pouvons l'ignorer. Je me rends compte que je suis entourée de cuisiniers élevés dans des familles françaises, nourris de culture et de gastronomie encyclopédiques. Je me sens très loin de leur monde et, dès le début, j'ai la certitude que je quitterai assez vite les studios. Notre « maison studio » est à Colombes, en dehors de Paris, autant dire que nous sommes un peu isolés de la tentation et des lumières de la capitale. Et quand bien même nous aurions décidé de sortir le week-end, nous devions rentrer avant le couvre-feu, à 22 heures. C'était vraiment comme à l'école. Je suis sortie une fois avec des candidats et nous sommes rentrés en retard à la maison. Le résultat ne s'est pas fait attendre : privés de permission de sortie, comme au pensionnat.

Nous partageons le quotidien avec les équipes de production qui sont très bienveillantes. Nous avons deux cheffes scoutes, Léopoldine et Jeanne, qui s'occupent de nous et nous maintiennent en condition pour toutes les épreuves et séquences de confessionnal. Je me souviens bien sûr de ces séances quotidiennes où je dois revivre dans le détail et face caméra toutes les émotions de chaque journée, en m'attardant sur les moments forts. Nous sommes questionnés et guidés par un ou une journaliste qui nous interpelle façon « interrogatoire ». Certains craquent et la production ne coupe jamais. Ces moments d'émotion font aussi le sel du programme.

Chaque matin et chaque soir, j'appelle Patrick et les enfants par Skype. Ils me racontent leur journée et je leur dis ce que j'ai le droit de leur dire sur la mienne. Je sens que Patrick est toujours derrière moi, mais qu'il est aussi perturbé voire un peu contrarié par la distance que le programme nous impose. Il doit s'occuper seul des enfants, et il a toujours un travail, me rappelle-t-il. Pas simple. Dans la journée, nos portables sont coupés et, mine de rien, comme toute bonne victime du smartphone, on se sent nus et coupés du monde. À la fin de la journée de tournage, nous nous jetons sur nos portables comme si notre vie en dépendait. Pendant deux mois entiers, je ne vois personne. Je parviens à passer les premières épreuves et les autres candidats me disent que grâce à mon caractère trempé et à mon statut de mère de famille, je vais aller loin. En vérité, tout le monde se fait une idée de ce que pense la production et personne ne sait rien.

Entre les vingt finalistes et dans le quotidien de la maison, tout se passe bien mais des clans se forment. Certains candidats, se sachant moins préparés, se font livrer des bouquins de cuisine en catastrophe et bachotent jour et nuit. D'autres viennent aux épreuves avec des antisèches et se font balancer par leurs petits camarades.

Devant les fourneaux, les épreuves me réservent quelques surprises. Je n'ai jamais été à l'aise avec la pâtisserie et je fais face à Christophe Michalak sous le regard duquel je dois réaliser un croquembouche, une pièce montée à base de crème pâtissière et de choux collés entre eux grâce à un caramel. À cet instant, les cours de pâtisserie que j'ai suivis quand j'étais mère au foyer me reviennent, et je finis, par miracle, par fournir quelque chose qui me vaut un compliment du chef Michalak. Je n'en reviens pas.

En épreuve de rattrapage, ou test sous pression, je me retrouve à devoir préparer une tarte Tatin. C'est la première fois de ma vie que je vais me confronter à ce grand classique. Si je rate, je pars. Je coupe mes pommes trop finement, et lorsque je comprends mon erreur, je suis persuadée que mes petits camarades français, qui connaissent forcément mieux que moi la Tatin, n'ont pas commis la même erreur. Devant le four, je suis en panique et je pleure. Frédéric Anton vient me voir et me tape sur l'épaule en me rassurant :

– Tu n'as jamais fait de tarte Tatin, ce n'est pas grave, tu peux t'en sortir.

Finalement, l'une des participantes a été encore plus perdue que moi et je suis qualifiée de justesse. Ouf !

Durant les épreuves, nous avons souvent voyagé et j'ai découvert le Mont-Saint-Michel où j'ai « affronté » l'omelette de la mère Poulard, Bordeaux où nous avons préparé nos plats dans les cuisines d'un navire de la Marine nationale pendant une traversée, le marché d'Aligre à Paris où nous devions courir en équipe, décider qui serait le leader et réaliser nos achats au pas de course devant les passants éberlués. Sur cette épreuve en particulier, j'ai pris la direction des opérations et nous avons gagné.

À la fin de mon parcours, j'ai calé sur une recette de Frédéric Anton, les ravioles de langoustines qui, sur l'image qu'on nous avait montrée pour l'exemple, étaient retournées dans l'assiette. Tout le monde avait produit des ravioles plutôt réussies et le jury, très justement, est entré dans les détails. Mes ravioles étaient bonnes mais n'étaient pas du « bon côté », bien fait pour moi.

Pour la durée de vie dans le concours, j'avais donc eu raison car je l'ai quitté à la treizième place, ce qui représente sept semaines de présence sur douze à l'écran. J'ai entendu mille fois les gens que j'ai croisés par la suite me dire que j'avais été finaliste. Ils sont très gentils, mais non. J'ai fini treizième et c'était mérité.

C'est Anne Alassane qui a remporté le premier « MasterChef ». Elle avait démontré de grandes qualités et sa victoire était tout à fait logique.

Je suis donc rentrée presque soulagée à Marseille, certaine que cette parenthèse se fermerait rapidement et que je pourrais poursuivre mes projets. Pendant dix jours, j'encaisse le choc de la fin de cet enfermement et j'ai du mal à retrouver mes marques. Parfois, je ne sais plus comment me comporter. Cette vie en communauté me manque. Je suis évidemment très heureuse de retrouver enfin mes enfants, mais je suis un peu perdue.

À mon retour, je ne dois parler de l'émission à personne. Nous avons tourné toute la saison mais nos contrats nous imposent de garder le silence sur les résultats avant la diffusion du programme, et c'est bien normal. Toute ma famille au Bénin, tous mes amis veulent savoir si j'ai gagné ou pas, et je ne peux rien dire, ce qui crée des frustrations. Ces quelques semaines d'attente sont particulières. Nous nous appelons beaucoup entre candidats pour prendre des nouvelles, mais aussi pour nous soutenir mutuellement dans le retour à la vie « civile ». Je sens que chez certains il y a un flottement personnel, côté vie privée. Entre Patrick et moi, c'est un peu pareil. C'est comme si nous avions tous changé de vie pendant l'émission et que nous vivions mal le retour au bercail, dans notre existence antérieure devenue en comparaison un peu fade.

La diffusion de l'émission nous ramène sur le devant de la scène. Apparemment, la production a parié, entre autres, sur moi, et communique beaucoup sur mes états d'âme, mes larmes et mon tempérament très cash. Ça se voit au montage. Le résultat est immédiat dans la presse de ma région. Le journal *La Provence* parle de « sa candidate », m'interroge, évalue mes chances, raconte mon parcours et me transforme en petite gloire locale. Je ne me fais aucune illusion, mais c'est un petit tourbillon médiatique provisoire, qui va jusqu'à dépasser les frontières du Sud pour intéresser quelques journalistes parisiens. Patrick et moi devons prendre une décision quant à l'avenir, ma « notoriété » étant somme toute essentiellement locale.

Roue libre
Premier contrat

Les questions qui se posaient avant le concours reviennent de plus belle. Que faire de notre projet familial au Bénin ? Il faut y réfléchir.

Le retour n'est donc pas facile pour notre couple. La vie quotidienne si paisible et ordonnée qui me rassurait et me donnait des forces devient pesante et presque paralysante. Nous en parlons beaucoup, de manière très directe et honnête. Notre relation a toujours été fondée sur une profonde complémentarité. Patrick m'apaise et je le dynamise. Cependant, après l'aventure « MasterChef », je sens que je me détache, et Patrick constate lui aussi qu'un fossé s'est creusé entre nous.

Nous prenons la décision de nous séparer un soir de week-end, en visite chez des amis. Nous sommes dans la chambre que nous occupons provisoirement. Lorsque le mot « séparation » est prononcé, nous pleurons beaucoup. Nos amis ne peuvent que constater notre tristesse au réveil. J'espère qu'ils ne nous en veulent pas trop d'avoir gâché ce week-end...

La mise en œuvre de la séparation n'est pas simple. Patrick refuse de quitter la maison et je dois prendre un appartement en catastrophe pour quelques mois. Je n'ai plus de revenus, ayant quitté mon emploi pour partir au Bénin puis passé trois mois dans un studio de télévision à Paris. Il faut donc que je rebondisse. Je reprends contact avec le chef qui m'avait aidée à préparer le concours Taittinger, Lionel Lévy. Après un entretien, il m'embauche et me sauve la mise. Je travaille dans une association, la Villa Khariessa à Martigues, et je cuisine à la demande. C'est discret, qualitatif et très formateur. À ce moment-là, ça me convient parfaitement. La presse découvre que « la candidate » de « MasterChef » officie près de Marseille et le fait généreusement savoir. La villa est débordée par les demandes de réservation et on doit refuser des clients. Tout se passe donc pour le mieux. Lionel, mon nouveau patron, est plutôt content. Pendant six mois, je travaille dur et surtout j'apprends le métier. Je rappelle que c'est la première fois que je suis payée pour faire à manger dans une cuisine professionnelle, un événement dans ce début de carrière !

Côté perso, je vois beaucoup mes enfants, et nous essayons d'atténuer le choc de la séparation avec Patrick. Sur ce plan, nous serons toujours d'accord et je ne le remercierai jamais assez de partager cette priorité avec moi.

Au bout de six mois à la Villa Khariessa, ma conviction est la suivante : je me débrouille en cuisine, mais je ne suis pas au niveau de mes ambitions. Pour devenir une cheffe, je dois encore faire mes classes. J'appelle Yves Camdeborde que j'avais rencontré dans « MasterChef ».

Yves répond tout de suite présent et m'obtient trois rendez-vous pour un stage en cuisine. Quelle gentillesse et quelle générosité ! Jamais je n'aurais rêvé d'un tel coup de main, et ça ne s'arrêtera pas là. Yves Camdeborde, qu'on ne présente plus, se révélera un soutien précieux en toutes circonstances. J'admire cet homme pour son parcours, sa capacité de travail, son talent, sa curiosité et sa vraie gentillesse. Aujourd'hui encore, lorsque je me trouve à la croisée des chemins, face à une décision importante, je l'appelle et surtout je l'écoute. Je passe des moments magnifiques chez lui à la campagne. J'ai beaucoup de chance de le connaître et d'être, en quelque sorte, sa « filleule ». Mais revenons à mes trois entretiens obtenus grâce à Yves.

Petite main
Stage de survie en milieu hostile

Je passe les trois entretiens et j'ai deux accords qui m'obligent à me réinstaller provisoirement à Paris. Je choisis d'abord le chef Sylvain Sendra et son restaurant Itinéraires, près du Quartier latin. Il est en route pour l'étoile Michelin et son restaurant est déjà un succès. Il nous arrive de faire jusqu'à quatre-vingt-dix couverts le samedi soir, avec la même délicatesse que si nous servions dix tables de haute gastronomie. C'est un rêve pour moi. Lui et sa femme Sarah sont formidables, jeunes et très créatifs. Il est originaire de la Bresse mais est marqué par le Pérou et le Japon. Ce premier stage me fait découvrir ce qu'est le très haut niveau, et honnêtement cela change tout. L'exigence absolue, la concentration de chaque instant et le refus total de l'échec sont une nouvelle leçon pour moi. Avec eux, j'apprends tout.

Chaque matin, je retrouve le chef avant l'arrivée de l'équipe et je découvre la technique de la cuisine française, le travail en équipe, l'organisation d'une cuisine professionnelle, la hiérarchie, la mise en place des postes et le repas du personnel. Je me livre au maître des lieux et lui raconte ma vie et mon projet. Il sait maintenant que je n'ai pas le temps matériel de suivre un cursus complet et que j'ai besoin des bases. Il écoute et me comprend. J'apprends les jus, je découvre qu'un navet est aussi noble qu'un turbot ou une truffe noire, je fais ma première clarification, je découvre les amuse-bouches et les mignardises, auxquels on apporte autant de soin qu'aux plats du menu, je fais mon premier cahier de recettes. Je prends conscience du nombre d'heures qu'il faut passer en cuisine pour envisager de maîtriser un geste ou une technique. Je resterai six mois avec l'équipe d'Itinéraires dans sa cuisine, si petite que je peux, tout en effectuant mon travail, observer les tâches et le fonctionnement de toute la brigade. Cette étape restera fondatrice.

Deux mois plus tard, j'entame mon deuxième stage dans un lieu très différent, la Maison Kaiseki, rue Saint-Honoré à Paris. J'ai la chance de rejoindre Hissa Takeuchi, que j'avais rencontré dans une épreuve de « MasterChef ». Chef Hissa est une sorte de génie japonais fasciné par la culture et la cuisine française. Un visionnaire, marqué par la philosophie et la spiritualité, qui a fait bouger les lignes de la gastronomie avec des concepts et des accords nouveaux. Je suis venue chercher chez lui, en plus de la connaissance du travail du poisson à la japonaise, l'art et la manière de cuisiner devant les gens sans se donner en spectacle. J'y apprends aussi le silence en cuisine et le mariage de deux cultures gastronomiques, ce qui dans mon cas est indispensable.

À l'époque, je ne suis plus une jeune fille, j'ai 35 ans et ma plongée dans l'univers des brigades de cuisine est une découverte à différents points de vue. J'y affronte un patriarcat bien en place dans la majorité des équipes. Il y a souvent, dans une brigade, un ou deux hommes plus expérimentés que leurs collègues qui donnent le « la » et créent les conditions d'un climat toxique. La vérité est qu'il suffit d'un, plus fort en gueule, avec une autorité naturelle et une ancienneté que les jeunes n'osent affronter. La cuisine est un espace où le respect de la hiérarchie est fondamental. Imaginez donc l'impact d'un sous-chef, sans même parler du chef, habitué aux remarques sexistes et à l'humour douteux. Les mots que l'on entend le plus dans une cuisine sont « oui, chef ». Le danger est clair.

J'ai toujours eu un caractère assez fort et le sens de la repartie, et il faut tout ça pour résister aux blagues sexuelles et aux humiliations subies au sein des diverses brigades que j'ai connues. Certains jours, ça fuse de partout. « Alors, on a passé une nuit les jambes en l'air et on a la tête en bas aujourd'hui ? » ; « Houlà, t'es de plus en plus pâle toi (rire entendu). À mon avis, il te faut un stage Kâmasûtra pour te remettre d'aplomb. Ça tombe bien, c'est ma spécialité. »

Évidemment, ça n'arrive pas qu'à moi. Je me souviens de cette jeune stagiaire qui venait d'arriver et à qui un vieux de la vieille a dit en face : « Tiens, tu as des boutons aujourd'hui, tu devrais demander à ton mec de jouir sur ton visage pour soigner ta peau. »

Comment réagir ? Quel conseil donner à cette jeune fille ? Répondre par une gifle ? C'est très difficile lorsqu'on a à peine 20 ans et qu'on débute dans la brigade d'un étoilé. Ce jour-là, c'est moi qui ai parlé plus fort que le cuisinier, mais que se passait-il dans la tête de la stagiaire au même moment ? Est-elle même encore en cuisine des années plus tard, après avoir subi ce genre de séances de torture régulières ? Je n'ai pas de statistiques, mais je crains que de nombreuses apprenties abandonnent le métier en cours de route après être tombées sur la mauvaise brigade ou la blague de trop. Je ne généralise surtout pas, je sais que la prise de conscience est réelle et que l'attention est portée sur les conditions de travail des femmes et des apprentis en général. J'affirme en revanche que les îlots de résistance sont encore nombreux et que nous sommes loin d'avoir éradiqué la violence, le sexisme et l'homophobie en cuisine.

Les agressions ne viennent pas toujours des fourneaux. Certains clients en salle n'hésitent pas à me faire des propositions directes du genre : « Faut absolument que vous veniez faire à manger chez moi. J'adore la cuisine tropicale, chaude et sensuelle, tout comme les femmes tropicales. Je vous laisse mes coordonnées ? » (En posant en général la main sur mon avant-bras, ou ailleurs.)

Le truc, c'est que lorsque tu réponds gentiment que tu as une famille, des enfants et que tu es très heureuse, le client indélicat devrait avoir compris, mais il n'a bien souvent entendu que ce qui l'arrange. Il revient donc à la charge, tu n'oses pas t'énerver, parce que tu ne peux pas dans cette situation lui dire d'aller voir ailleurs ou de se passer la tête sous l'eau froide. Le rapport client-cuisinier, lorsque tu es salariée, t'interdit de répondre vertement à une agression verbale, et lorsque tu rentres chez toi, tu entends encore les blagues déplacées résonner dans ta tête.

Souvent, le sexisme se teinte également de harcèlement. L'ambiance de travail dans les cuisines est parfois dure, violente. Tous les employés des brigades dans lesquelles j'ai travaillé m'avaient vue dans « MasterChef », avaient retenu que j'étais autodidacte et me l'ont souvent fait payer. Je n'avais pas intégré les bases, alors on me cachait les carnets de recettes, on m'inventait des tâches que naïvement j'accomplissais, comme compter les grains de poivre un par un. Le pire se déroulait toujours lorsque le chef était absent. Ces jours-là, les fauves étaient lâchés et tout le monde redoublait de cruauté : le fameux courage des lâches.

Un jour, le jour de trop, je suis épuisée par les brimades, les blagues sexuelles et les allusions salaces que je subis depuis des heures, et je décide, après un service de midi, d'écrire un message à chaque membre de la brigade avant de quitter la cuisine. Je leur annonce que je ne reviendrai pas parmi eux avant le retour du chef. Lorsqu'il revient, le chef est confus et me réconforte en m'apportant son soutien total devant le personnel. Son équipe ne la ramène pas, et tout le monde ou presque regarde ses pieds. Il me reçoit ensuite seul à seule et m'annonce qu'il ne peut pas me faire revenir dans l'équipe sous peine de fragiliser l'ensemble de la brigade. Il est désolé. Je le suis aussi parce que, en l'occurrence, moi, je n'ai absolument rien fait. J'avale cette injustice, je n'ai pas le choix.

Mais oui, c'est dégueulasse.

Lorsque je me rebellais contre des remarques débiles, j'ai entendu plusieurs fois la phrase qui tue : « Tu peux dire ce que tu veux. Toi tu passes, et nous on reste. »

Souvent, c'est vrai.

Des humiliations, il y en a presque tous les jours, mais globalement mon caractère trempé semble me protéger. Je crois même que je suis capable de faire peur parfois. Je me souviens de ce con qui m'avait mis une main aux fesses en accompagnant son agression d'une remarque vulgaire. Ce jour-là, je me suis retournée, je l'ai pris à pleine main entre les jambes, je me suis assurée que tout le monde avait bien compris le geste et, en resserrant ma prise, dégoûtée, je lui ai envoyé ma réponse : « Je ne sais pas qui ou quoi te donne le droit de toucher mon c… mais moi aussi je peux te prendre par les c… Écoute-moi bien : la prochaine fois je serre jusqu'à ce que ça explose. »

Ne jamais donner prise aux hommes qui veulent me fragiliser. J'ai l'air sûre de moi en écrivant ces mots, mais je ne veux pas culpabiliser les jeunes femmes qui vivent la même chose et ne parviennent pas à se défendre. À cette époque, je m'en suis sortie parce que j'avais déjà 35 ans, trois enfants et quelques années d'expérience. Je ne sais pas comment j'aurais résisté à 20 ans.

Je peux aussi témoigner que ce dont je parle ne s'applique pas seulement aux femmes. J'ai vu de nombreux apprentis ou stagiaires masculins baisser la tête, se couvrir le visage d'un torchon ou se retourner discrètement pour pleurer. On peut et on doit être exigeant, et je le suis moi-même en cuisine, mais rien ne justifie l'humiliation, le sexisme, l'homophobie si courante, le racisme ou les agressions physiques, que cela vienne d'un homme ou d'une femme.

On doit absolument mettre fin à ces violences et ces agressions, mais aussi aux attitudes ou propos vexatoires. Depuis toujours, il semble normal et admis que les cuisines soient un monde rude, et on en a trop longtemps accepté toutes les dérives, comme si c'était, à l'image de la gastronomie, une tradition française.

Je conclus avec cette phrase, entendue dans les coulisses d'un restaurant que je ne citerai pas, prononcée par un chef de salle venu chercher ses plats en cuisine. En me découvrant dans la brigade, il a souri, a jeté un regard circulaire pour mesurer son auditoire, et a déclaré, assez fièrement : « Les Noirs, c'est plutôt à la plonge, non ? »

La route est encore longue.

Ma « parenthèse prince Albert »

Ce livre est l'occasion pour moi de « révéler au monde » un secret. Quand je dis « secret », c'est à moitié vrai, car le petit cercle qui m'entoure est parfaitement au courant. Depuis des années, presque trente ans je crois, il y a quelque chose entre le prince Albert de Monaco et moi, ou plutôt entre moi et lui, parce que lui ne le sait pas. J'ai été amoureuse d'Albert. J'avais déjà un œil sur la famille princière depuis le Bénin, mais lorsque j'ai découvert dans la presse en 2003 qu'une femme togolaise déclarait avoir eu un enfant avec le prince, j'ai tout de suite compris que mon heure était peut-être venue. Nicole Coste, alors hôtesse de l'air, avait rencontré le prince dans un avion en 1997. Leur histoire avait duré environ cinq ans et, le 24 août 2003, est né Alexandre, reconnu par la suite par son prince de père. Immédiatement et de manière très objective, j'ai trouvé que cette Nicole avait un corps magnifique mais manquait de grâce dans le visage (désolée chère Nicole, vous êtes très belle et ce ne sont que des bêtises motivées par la jalousie d'une post-adolescente immature). En tout cas, si une Togolaise avait pu le séduire, je pouvais également en rêver puisque, grande nouvelle, Albert était dorénavant célibataire. À l'époque, je suis déjà mariée et j'en parle à Patrick qui me regarde en souriant et laisse filer cette « passade » (il avait l'habitude de mes fantaisies). Mais un matin, je décide de prendre un train pour la Côte d'Azur. Je déambule dans les rues de Monaco et j'arrive enfin sur la place du Palais. Une fois en situation, j'appelle le secrétariat du prince afin de parler à mon promis, mais personne ne donne suite, à ma grande surprise. Après quelques autres tentatives infructueuses, je reprends le train pour Marseille où je retrouve un Patrick indifférent, et à peine surpris (mon ex-mari est un saint). Dans la nuit, je fais un rêve dans lequel le prince Albert m'écrit le message suivant : « Je t'attendais. » Évidemment, ça me fait plaisir, mais comme je ne me laisse pas embarquer si facilement, je lui réponds : « Je ne te trouve pas vraiment beau et tu n'es pas mon type, mais je sais que tu as besoin de moi. »

Au cœur de la nuit démarre donc une belle histoire d'amour, et au réveil je dois dire la vérité à mon mari :

– Je vais partir avec Albert, mais sois tranquille tu ne seras pas lésé. Tu vas recevoir une belle compensation financière.

Bien… Que puis-je ajouter ?

Je vous promets que cette histoire est vraie, et Patrick peut en témoigner. Je vous assure aussi que tout n'était pas « premier degré », et que Patrick le savait parfaitement. Vous devez vous dire que ma place est dans un établissement psychiatrique mais, en réalité, ce que je vous raconte c'est la part permanente de fantaisie qui est en moi. Cette douce folie, je la partage généreusement autour de moi, y compris avec mes enfants qui ne sont pas en reste.

Pour en finir avec le prince Albert (mais sera-ce jamais fini ?), je me suis rendue à Monaco pour le premier Sommet de la gastronomie durable, invitée par Alain Ducasse. J'ai croisé le prince de manière protocolaire, et à la fin du dîner de clôture, je lui ai été rapidement présentée. Plus de quinze années s'étaient écoulées depuis notre « rendez-vous raté ». J'ai maintenant en ma possession une photo à son côté.

Votre Altesse Sérénissime, si on vous parle de ce chapitre, n'en veuillez pas à cette jeune femme de 26 ans qui a tenté de vous appeler au bas des marches de votre immeuble. C'était moi, et je n'étais animée que de louables intentions. En plus, j'avais prévenu mon mari ! Cela dit, j'aurais plaisir à vous faire à manger un jour, en souvenir de cette romance secrète dont vous ignoriez tout.

Pas faite pour l'amour

Après mes deux stages étoilés à Paris, je suis de retour à Marseille. Je décide, une fois de plus, de poursuivre mon apprentissage. Je parviens à dénicher une formation en cuisine chez Régis Marcon, un grand chef que j'admire beaucoup. Cela se passe chez lui à Saint-Bonnet-le-Froid, entre la Haute-Loire et l'Ardèche, pas très loin du Puy-en-Velay. Il a trois étoiles, le Graal, et travaille avec son fils depuis 2004. L'inspiration qu'ils puisent dans leur territoire et les produits de la nature toute proche est exemplaire. Le stage, consacré aux champignons avec cueillette et accords nouveaux, durera trois jours. Autour de moi, il y aura d'autres chefs dont certains sont très célèbres. Je comprendrai à cette occasion qu'être un grand chef, mais surtout le rester, est un apprentissage permanent. Leçon à retenir. Pour ma part, j'ai besoin de ce moment de découverte pour progresser dans ma cuisine.

Je saute dans un train pour Le Puy-en-Velay et mon ex-beau-père, que j'adore, me conduira sur place en voiture. Je m'organise comme un pied avec les dates, les horaires et le temps de route, et je comprends pendant le voyage que je suis déjà en retard sur le début de la formation. Mon stress ne fait que s'accentuer. Je vais rater une demi-journée sur les trois jours. Quelle cruche. J'arrive donc morte de honte au milieu d'une assemblée de chefs qui rentrent à peine d'une cueillette de champignons avec Régis Marcon. Jamais plus dans ma vie je n'aurai l'occasion de « partir aux champignons » avec cet homme-là. Je suis mortifiée.

J'ose à peine entrer. L'accueil est malgré tout chaleureux et tout le monde se moque gentiment de moi. Et là, je craque. Les larmes m'envahissent pendant que je m'excuse auprès de tout le monde, et je ne parviens pas à m'arrêter. Plus je pleure, plus j'ai honte de pleurer et donc plus je pleure encore. Toute l'assemblée se tourne vers moi bien sûr, ennuyée de me voir dans cet état, et un homme en particulier s'approche pour me consoler et me calmer. Je ne le connais pas mais il parvient à m'apaiser un peu. Il se présente : Benoît. Il a participé à l'organisation de cette formation et travaille pour une marque de chocolat gastronomique.

Une fois les pleurs taris, je vis un moment passionnant. Le stage est formidable. Nous élaborons tous ensemble un menu entier que nous allons réaliser et déguster sous l'œil bienveillant du fils de Régis, Jacques Marcon. Pendant que nous travaillons, j'ose à peine mettre la main à la pâte. Je suis entourée par des pontes, je ne connais pas tous les termes techniques et je crains d'être ridicule. C'est la première fois que je mange une crêpe Suzette à la courge, un praliné aux champignons et un sorbet aux herbes.

Benoît est toujours présent autour de nous, et un peu plus autour de moi. J'apprends beaucoup et j'échange aussi avec mes copains de classe chefs, bien plus capés que moi. À la fin du stage, nous nous quittons en échangeant nos téléphones et adresses, comme dans les clubs de vacances. Benoît rentre à Paris, moi à Marseille et nous entamons alors une correspondance par mails. Nous avons de nombreux points communs, son calme et son expérience me rassurent. Il a vingt ans de plus que moi. Notre histoire commence alors, parsemée de voyages entre la capitale et le Sud. Il possède une maison en Normandie et nous nous y retrouvons dès que possible pour des week-ends en amoureux. Nous sommes très complices. Nous fréquentons les bons restaurants, parlons beaucoup de cuisine, la faisons ensemble, et j'ai l'impression que nous nous enrichissons mutuellement. Il est randonneur, moi pas du tout, et nous avons donc, pendant nos week-ends, des plages de solitude précieuses qui s'achèvent sur de jolies retrouvailles. Ni l'un ni l'autre ne se projette particulièrement dans la durée, et c'est de cette façon que nous durons justement, pendant deux ans. Il est vrai que les vingt ans qui nous séparent, s'ils ne nous pèsent pas, ne nous permettent pas de tout partager, mais ce n'est pas un problème.

Au printemps, Benoît organise chez lui en Normandie un week-end gastronomique en mon honneur. Délicate attention. Il me convie avec mes enfants et une amie. Nous traversons donc toute la France pour passer ce moment avec lui. Le week-end se passe divinement bien, et le festin annoncé est délicieux. Les enfants sont heureux de me voir détendue. À la fin du repas, il m'entraîne dans la cuisine pour me parler sans doute du beau moment que nous passons ou du programme du lendemain. Il me regarde et m'annonce, droit dans les yeux, que cette soirée est la dernière et qu'il me quitte.

Mes enfants sont dans la pièce d'à côté, mon amie finit un bon vin, et mon corps s'affaisse. Je suis sonnée. Mais pourquoi, comment, quand, que s'est-il passé ? Il se lance dans quelques tentatives d'explications sur le temps qui passe, nos âges, le temps qu'il nous reste à vivre, mais je n'écoute déjà plus. Je tombe. Il me relève et me parle. Je suis déjà ailleurs, et je craque. Des cris, des pleurs, c'est un drame en direct et je ne parviens pas à me contrôler. Les enfants sont tout près, alors je mets mon visage dans un torchon pour éclater en sanglots. Lorsque nous revenons à table, tout le monde comprend que quelque chose ne tourne pas rond. Le dîner s'achève plus vite que prévu et les enfants montent se coucher, suivis par mon amie. La dispute éclate, je déverse ma tristesse, ma colère et mon incompréhension. Je perds le contrôle et menace de me suicider. Après une heure d'affrontement, il monte se coucher et je m'écroule, épuisée, dans un canapé. Je ne dors évidemment pas. À 5 heures, n'y tenant plus, je réveille les enfants, mon amie, nous chargeons la voiture et disparaissons. Personne ne m'a demandé pourquoi, mais je pense qu'ils avaient tous entendu les échos de notre dispute avant de s'endormir. Dans la voiture, mes enfants m'interrogent et j'explique en quelques mots ce qu'il s'est passé. Ils ne savent évidemment pas quoi dire. Les voilà contraints d'assister à un drame conjugal alors qu'ils s'étaient rendus à un week-end festif.

La route entre la Normandie et Marseille est longue. Le retour chez moi est très difficile. Les enfants rejoignent leur père, plus au calme, et je me retrouve seule avec ma souffrance et mes questions. Je ne dors pas pendant deux jours, et un soir le tourbillon est trop fort. J'abuse de l'alcool, je mélange toutes les bouteilles, je fais absolument n'importe quoi et je comprends aujourd'hui que j'étais dans une attitude autodestructrice. Dans un moment de lucidité, j'appelle Patrick, mon ex-mari. Il se met immédiatement en route. Lorsqu'il sonne, je parviens tant bien que mal à me lever pour lui ouvrir la porte. Dès qu'il me voit, Patrick appelle les pompiers qui, à peine arrivés chez moi, veulent m'évacuer sur un brancard. Je ne me laisse pas faire, je les insulte, les agresse verbalement et évidemment ne parviens pas à les convaincre de me laisser chez moi. Ils m'emmènent directement au Centre hospitalier de Valvert à Marseille, un hôpital psychiatrique. J'y réside avec des pensionnaires dont je me souviens encore. J'ai l'impression d'être dans une scène du film *Vol au-dessus d'un nid de coucou*. Au bout de trois jours, je peux sortir, mais on me propose à titre préventif de me placer huit autres journées dans une structure d'accueil plus légère. Je me rappelle un centre entouré de verdure, de mes conversations surréalistes avec les patients de l'établissement. Ils étaient tous gentils, mais gentiment fous, fêlés ou fadas comme on dit à Marseille. Je sens que ce séjour me fait du bien et je demande une prolongation d'une semaine. Demande accordée.

À distance, je m'efforce de rassurer mes enfants. Ils doivent avoir peur. Que leur a dit leur père ? Peut-être pensent-ils que je suis devenue folle ? Jamais je n'aurais pensé avoir raison.

Quand je sors de l'hôpital et que je rentre dans mon appartement, j'apprends que Benoît a appelé

Patrick pendant mon internement pour lui dire que j'étais hystérique et dangereuse, et qu'il était impossible que je puisse m'occuper de mes enfants. Il est parvenu à toucher Patrick, lui-même fragilisé par notre situation, qui demande par l'intermédiaire de son avocat la garde exclusive de Paul-Arthur et Margot.

C'est la catastrophe. Je ne sais pas pourquoi Benoît a appelé Patrick. Je ne sais pas de quoi il se mêle et pourquoi il veut détruire ma vie, mais dont acte, je vais me battre. Avec une avocate formidable, nous allons tenter de convaincre un juge que je suis une bonne mère et que je suis tout à fait apte à conserver la garde alternée de mes enfants. Cette nouvelle épreuve gomme immédiatement les séquelles de mon bref internement. Je suis dans un combat fondamental.

J'obtiens gain de cause : je peux continuer de voir mes enfants. À l'époque, j'en veux beaucoup à Patrick d'avoir voulu me faire passer pour une mère indigne. Je lui ai pardonné depuis.

Ma banque lave plus blanc
Enfin cheffe

Je retrouve mon appartement et je peux enfin respirer normalement. Marseille est vraiment devenue mon port d'attache, sans jeu de mots. Je m'y sens chez moi, et c'est dans cette ville que mes racines s'enfoncent dans le sol français. C'est là que je veux devenir cheffe, devant mes enfants et sous le regard de mes pairs. À Marseille, la communauté des chefs a toujours été d'une grande bienveillance envers moi après « MasterChef ». Je suis comme une petite sœur qu'ils ont vue grandir. Avant d'être cheffe moi-même, je me demandais comment les grands chefs pouvaient tous se connaître en travaillant autant. Je ne comprenais pas. Mais la plupart des chefs ont besoin, comme dans beaucoup de métiers, d'appartenir à une famille professionnelle. Peu de gens peuvent comprendre les soucis et les questionnements d'un chef, étoilé ou non, mais entre eux ils parlent le même langage et ont besoin de partager leurs expériences, échanger des solutions à des problèmes que tous connaissent et défendre parfois leurs intérêts communs. Souvent ils mangent les uns chez les autres et se retrouvent au sein d'associations et/ou groupements de chefs, régionaux ou nationaux. Aujourd'hui, j'en fais partie, mais j'ai été très sensible à leurs invitations régulières lorsque je débutais. On parle toujours de concurrence, elle existe, mais la solidarité et l'esprit de corps sont aussi bien présents.

J'ai également noué des relations amicales dans ma ville, dans une structure avec laquelle je travaille toujours : Les Grandes Tables. C'est à la fois une entreprise, un collectif, une association culturelle et militante, un restaurant et un lieu extraordinaire situé à la Friche la Belle de Mai, dans un quartier populaire de Marseille. C'est dans ce quartier qu'est tourné depuis le départ le feuilleton *Plus belle la vie.*

J'avais connu Les Grandes Tables lorsque j'étais salariée de mon agence. L'équipe proposait à des amateurs comme moi de venir cuisiner en compagnie de leur chef. J'ai eu la chance de le vivre deux ou trois fois, puis d'y faire des extras en tant que petite main. Les Grandes Tables sont très actives et organisent des dizaines d'événements gastronomiques et culturels à Marseille, souvent en lien avec le bassin méditerranéen.

C'est une référence et un exemple à mes yeux. Je vous conseille vraiment, si vous venez dans ma ville, de regarder leur programme et de vous y rendre, pour manger, pour découvrir, pour être bien.

Revenons à la question importante. Stages et formation terminés, je dois maintenant faire un choix : devenir cheffe ou sous-cheffe dans une table marseillaise, ou profiter du moment pour réfléchir à l'installation dont je rêve. Quoi qu'il arrive, j'ai maintenant l'obligation de gagner ma vie. Je survis dans mon petit appartement et je ne peux pas continuer à végéter.

Ma préférence va à la création d'un endroit à moi. Je décide d'arpenter les rues à la recherche de l'inspiration, d'un lieu qui pourrait me ressembler. Je traîne du côté du cours Julien, haut lieu de la vie culturelle et nocturne marseillaise, terrain de jeu des street artistes, où de nombreux jeunes chefs tentent leur chance. J'essaie même le Vieux-Port où les fonds de commerce ne se cèdent qu'à prix d'or. Un coup d'œil au Panier, le quartier qui monte (dans tous les sens du terme), le quartier d'Endoume et celui du parc Longchamp. Rien ne me saute aux yeux et aucun lieu n'est disponible. Sans trop y croire, je retourne dans le quartier des antiquaires, à côté de la préfecture, là où j'ai pris mes premiers cours de cuisine dans un petit atelier. C'est central, il y a beaucoup de bureaux et de commerces, ça reste calme et me semble un bon endroit pour m'installer et creuser mon sillon. Ce qui était une visite nostalgique se transforme en opportunité. L'atelier est toujours en activité pour les cours mais il cherche un repreneur. En gros, la gérante souhaite passer la main en maintenant la vocation du lieu. Je prends cette nouvelle comme un signe du destin. J'ai commencé là, je dois continuer au même endroit. Je me renseigne auprès de l'agence immobilière et tout va assez vite. Ils me connaissent et les propriétaires seraient ravis que leur fonds de commerce soit repris.

Je dois maintenant monter mon projet. L'idée est donc de poursuivre l'activité des cours de cuisine, d'y intervenir à titre personnel comme professeure en conservant les autres prestataires qui y officient (cours de cuisine provençale, cours de pâtisserie...), et d'y faire à manger le midi pour les clients. C'est mon premier restaurant ! Il me faut un business plan sur cinq ans et toutes les infos administratives et financières nécessaires à une création d'entreprise. Je suis accompagnée par la Chambre de commerce de Marseille qui m'aide à dédramatiser la situation et à rédiger ce fameux dossier. En souvenir de mon expérience dans ce lieu, je décide de l'appeler L'Atelier de Georgiana.

Une fois le projet dessiné, il faut le financer. J'ai besoin de 100 000 euros. Me voilà donc devant un banquier, au Crédit Lyonnais, en train de défendre mon idée avec enthousiasme et une certaine naïveté.

Je me dis bêtement que ma petite notoriété et le sérieux de mon projet vont peut-être m'aider à faire passer le dossier sans trop de difficultés. Franchement, j'ai bien travaillé, et je suis sidérée quand, au bout de trente minutes, après m'avoir attentivement écoutée, le banquier me dit que la banque ne pourra pas me suivre. Je lui demande pourquoi, poliment (alors que j'ai envie de crier) et il me parle de conjoncture, risque, marché, fragilité, avant de me répéter qu'ils sont désolés mais ne m'accorderont pas le prêt. Je suis hors de moi. Après avoir abattu un tel travail, je me fais refuser un petit prêt pour un lieu sans prétention qui me permettrait de faire mes débuts. J'ai vraiment du mal à encaisser. J'en parle à Isabelle, une amie proche, rompue aux relations avec les banques. Elle est très surprise, elle aussi. Nous décidons de tenter quelque chose. Isabelle va mettre son nom sur le projet et prendre rendez-vous avec un autre conseiller de la même banque de son côté. Elle obtient le rendez-vous et je l'attends dehors. Une petite heure plus tard, elle sort avec une drôle de tête. Elle a reçu, pour le même dossier que moi, une réponse positive de la banque. Elle obtient le prêt que l'on m'a refusé.

Isabelle est blanche. Vous l'aviez deviné.

Je récapitule pour les étourdis : le même dossier de prêt pour la création d'un restaurant a été refusé à Georgiana Nwagobu Viou, puis accepté pour Isabelle G.

Au lieu de faire un scandale et d'alerter le ban et l'arrière-ban, nous décidons, mon amie et moi, de prendre rendez-vous avec le directeur de l'agence bancaire. Nous lui expliquons dans le détail ce qui s'est passé. Isabelle lui promet que s'il n'y a pas de rectification immédiate, nous informerons la presse de ces pratiques discriminatoires, avec de réelles chances d'être écoutées et relayées. Comme par enchantement, j'obtiens un nouveau rendez-vous, mais j'ai été si choquée que je ne veux plus de cette banque. Je vais frapper à la porte d'un autre établissement pour expliquer ma situation. Avant de me donner sa réponse et surtout celle de sa hiérarchie, la conseillère me pose de nombreuses questions et m'écoute attentivement. Nos échanges ont été concrets, précis et constructifs. J'ai obtenu mon prêt, et je vous rassure, je l'ai remboursé jusqu'au dernier centime !

Désolée d'avoir pris du temps pour raconter tout cela, mais je l'ai encore en travers de la gorge. Je pense à tous ceux qui sont repartis sans prêt, et qui n'ont pas forcément eu le réflexe de réagir comme Isabelle et moi l'avons fait. Je ne sais pas si ces pratiques perdurent, mais c'est très grave. C'est destructeur pour tous les porteurs de projets d'entreprise, jeunes ou moins jeunes. Il y en a des centaines de milliers, de toutes les couleurs, et nous devons les aider, avec discernement, mais les accompagner dans leurs rêves.

Personnellement, sans l'intervention de mon amie, je n'aurais jamais ouvert L'Atelier et je ne serais sans doute pas cheffe aujourd'hui.

On y arrive enfin. Je signe le bail et je fais réaliser les quelques travaux de peinture et d'aménagement par mon frère. Je finis par ouvrir, non sans une certaine fierté, L'Atelier de Georgiana. L'endroit a une configuration particulière. Dès l'entrée, il y a une pièce de taille moyenne, en longueur. Au centre, un îlot central, les fours et les plaques de cuisson. C'est autour de cet îlot central que se déroulent les cours de cuisine depuis des années, et ces cours vont continuer. Pour ma part, j'occuperai les lieux tous les midis pour faire à manger aux clients. Cette configuration n'est pas sans rappeler les cuisines asiatiques où les chefs travaillent devant leurs clients.

Au départ, par timidité et sans doute par peur de déplaire, je ne préviens personne de l'ouverture de mon Atelier, et surtout pas la presse locale. J'organise tout de même une inauguration amicale et je n'oublierai jamais que ce jour-là, dans mon petit chez-moi, Yves Camdeborde et Lionel Lévy ont cuisiné ensemble. Yves est descendu de Paris, Lionel, mes amis, ma famille et quelques journalistes m'ont aussi honorée de leur présence. Merci à eux.

Je débute donc dans une grande discrétion. Un client, puis deux, puis quatre. J'écoute leurs remarques comme s'il s'agissait d'un évangile. Je me souviens de ce client, très content du repas, qui m'annonce à la fin qu'il est trop près de ses voisins et que ça risque de ne pas plaire. Je lui explique que dans cette configuration, tout comme dans les brasseries, la proximité est la règle, et qu'elle fait même partie de l'identité du lieu.

– Oui mademoiselle, mais ici c'est Marseille, et à Marseille on veut de la place.

Je remballe mes arguments, cela me déstabilise un peu. Quelques jours plus tard, une cliente m'informe après son déjeuner qu'elle est journaliste pour *Marseille l'Hebdo*, un site d'actualité très suivi. Elle a beaucoup aimé son repas et elle le dit sur le Web dans un court article très gentil, empli de compliments. Je la remercie encore à l'occasion de ce récit. Dès le lendemain de la publication de l'article, de nombreux curieux viennent, et puis le bouche-à-oreille fait rapidement son œuvre. Quelques semaines plus tard, L'Atelier est plein presque tous les midis.

Pendant quelques mois, je suis la plus épanouie des cuisinières, fatiguée bien sûr, mais heureuse.

Je pensais que l'expérience de L'Atelier allait durer quelques années et me permettrait d'apprendre mon métier doucement mais sûrement. C'était compter sans le destin.

Parmi les élèves des cours de cuisine, je rencontre un jeune chef d'entreprise passionné de pâtisserie, venu se perfectionner à titre personnel, et très curieux du fonctionnement de mon atelier. Il s'appelle Cyprien, nous échangeons à plusieurs reprises et il finit par m'avouer qu'il a toujours voulu investir dans un restaurant sans jamais rencontrer le partenaire qui lui donnerait envie de concrétiser ce rêve. Il connaît beaucoup de monde à Marseille, spontanément il m'inspire confiance et je le crois sincère. Après quelques semaines de discussions, il me propose de parier sur moi et d'ouvrir un « vrai restaurant » qui portera mon nom. C'est la première fois que l'on me fait une telle proposition, et j'accepte avec une grande joie. Le seul souci est de concilier L'Atelier avec ce projet. Nous convenons tout de suite que c'est impossible. Je vais donc devoir quitter ma petite entreprise pour un lieu plus grand, situé à un kilomètre de là, et qui portera aussi mon nom puisque le restaurant s'appellera Chez Georgiana. Je pars le cœur gros, mais sans regret, avec le sentiment de m'apprêter à franchir une étape importante qui me permettra de progresser grandement.

J'avais l'intuition que c'était le bon chemin.

Un coup d'épée dans l'eau

L'endroit est situé près du Vieux-Port, dans un cadre qui me plaît beaucoup, et mon associé et investisseur, Cyprien, est très présent. C'est sa première opération dans la restauration et il est aussi angoissé que moi, peut-être même encore plus. Nous travaillons main dans la main sur le décor, l'espace cuisine, et nous convenons ensemble de la formule repas. En revanche pour les plats, j'ai carte blanche.

La formule, la voilà. Le midi, au choix : deux entrées, deux plats et deux desserts. Le soir, un menu unique en cinq temps que je baptise « Les yeux fermés ». Comme son nom l'indique, les clients doivent accepter de faire totalement confiance à la cheffe. Ils ne choisissent aucun plat. Pour ne pas commettre d'impair, au moment de la réservation, nous demandons à nos visiteurs leurs éventuelles allergies ou intolérances alimentaires.

Nous travaillons en coulisses pendant plusieurs semaines avant l'inauguration, et avec Cyprien nous sommes dans la même émotion, celle des débuts. Je me souviens de l'ouverture du restaurant et de nos angoisses le jour J. Grâce à mon réseau d'amis et à celui de Cyprien, tous les Marseillais et les Marseillaises qui comptent sont présents ou le seront dans les premières semaines.

Notre soirée d'ouverture a été très émouvante. Nous attendions une cinquantaine de personnes, et finalement nous devions être deux cents. Il y avait parmi nous des anciens clients, des curieux, la famille de Cyprien, la mienne et celles de notre équipe, des chefs marseillais amis ou voisins, quelques journalistes et mes enfants Paul-Arthur et Margot, surexcités. Steven n'avait pas pu être là. Il était chez son père. Nous avons reçu tellement de visiteurs que j'ai dû refaire à manger pendant la soirée et que Cyprien a dû descendre à la cave pour déboucher quelques bouteilles de vin supplémentaires.

Le lendemain, nous ouvrions.

Je peux maintenant livrer une petite anecdote. Le premier jour, au service du midi, les égouts ont débordé et ont envahi le sol de la cuisine. Nous avions choisi de créer une cuisine ouverte sur la salle avec une vitre de séparation dans l'esprit atelier. Les clients nous voyaient donc, mais ne pouvaient apercevoir le sol, et heureusement. Ce jour-là, si important pour nous tous, je n'ai pas pu sortir une seule fois au contact des clients car j'avais, comme toute mon équipe, les pieds trempés par une eau sale que nous ne parvenions pas à évacuer. Étant extrêmement exigeante sur la propreté et l'hygiène dans mes cuisines, j'étais dans un état second, et j'ai passé le service à m'assurer qu'aucune goutte de cette eau ne touche de près ou de loin autre chose que nos chaussures. Dans l'après-midi, nous avons fait appel à la voirie qui viendra résoudre le problème. Je vous rassure, la cuisine était délicieuse, mais derrière nos vitres nous n'en menions pas large.

J'étais évidemment impressionnée et touchée d'être à la tête de mon premier restaurant. J'étais seule en cuisine avec une toute petite équipe très motivée : un commis plongeur et une serveuse. Cyprien venait souvent pour observer, contrôler et ajuster avec moi la qualité de notre service, en salle et en cuisine. Nos premiers mois ont été agréables et guidés par une belle confiance.

Avant de retrouver Cyprien comme élève dans mon atelier, je l'avais déjà croisé quelques années plus tôt sur le tournage de ma première petite émission de télévision « Georgiana chez vous ». Le principe du programme était le suivant : j'allais à la rencontre des personnages de ma région, mais aussi d'autres villes françaises et européennes. J'ai tourné à Lausanne, Lorient, Bristol, Amsterdam, Turin, Marseille, Lyon et j'en passe. Cette émission était diffusée sur les chaînes Voyage et RMC Découverte. J'arrivais dans une grande ville et je rencontrais une famille. Ensemble, nous essayions de comprendre leur rapport aux plats, aux produits, aux repas, et d'une manière plus large, leur rapport culturel à la cuisine. Je partais ensuite découvrir des producteurs locaux avant de cuisiner à quatre mains avec un chef de la région. La famille venait chez le chef pour le dîner, avant d'emporter chez elle les produits glanés chez les différents producteurs. Je les rejoignais enfin pour cuisiner ensemble, à la maison, un menu complet. L'idée était de montrer que l'on peut manger bon et souvent bio sans se ruiner et en évitant certains produits de supermarché de moins bonne qualité.

Nous avons réalisé une dizaine de numéros. Je ne me sentais pas particulièrement à l'aise devant une caméra, mais j'avais conscience que mon métier passait par la communication en général et par les réseaux sociaux. Je n'étais sans doute pas une très bonne présentatrice. J'avais certes l'expérience « MasterChef », mais cela n'a rien à voir avec le fait d'incarner principalement un programme. Nous avons tourné une saison de cette émission, et cela reste un bon souvenir.

Malgré tout, l'endroit où je me sens définitivement le plus à l'aise, c'est en cuisine, chez moi, et en l'occurrence « chez moi », c'est Chez Georgiana.

Seule en cuisine, je découvre la nécessité d'avoir une organisation quasi militaire et une concentration permanente. Dans le rush du service, alors qu'on a beaucoup travaillé en amont, les erreurs se paient cash et chaque plat raté est un client qui ne revient pas ou qui dira autour de lui que « Chez Georgiana, c'est quand même très moyen ».

Chez Georgiana, côté cuisine et gastronomie, tout était au beau fixe, et nous avons même obtenu la dotation Jeunes Talents et deux toques au guide Gault&Millau. Je ne peux pas décrire le sentiment qui fut le mien face à cette reconnaissance. Nous étions tous très fiers, mais j'ai découvert que certains de mes collègues chefs pouvaient en prendre ombrage. Pour fêter notre récompense, nous avions organisé une petite fête au restaurant, et j'avais invité des cuisiniers. Pendant la soirée on m'a à trois ou quatre reprises posé la question : « Avec qui t'as couché, avec Gault ou Millau ? »

En général, et avec ma repartie légendaire, j'aurais pu répondre du tac au tac : « Avec les deux bien sûr, et c'était super… » Mais ce jour-là, je prenais chaque remarque sexiste comme une véritable agression. Je ne sais pas pourquoi certains hommes sont si cons, pourquoi la réussite d'une femme leur est insupportable. Cela dit, je pense que le problème dépasse les femmes et concerne quiconque est différent du profil type du cuisinier à l'ancienne.

On a beau se blinder contre ces remarques d'un autre âge, elles attaquent le moral, et on rentre chez soi la boule au ventre.

Mon patron et investisseur était ravi de cette distinction.

Cette belle histoire a malheureusement connu une triste fin. Cyprien et moi nous sommes séparés professionnellement trop rapidement. Le destin des associations professionnelles est parfois douloureux.

En quittant Chez Georgiana dans ces conditions, je tombe brutalement dans une profonde dépression.

Je pleure toute la journée, je ne sors plus, je grossis, je ne veux plus parler à personne ni entendre qui que ce soit. Je vis volets fermés, certaine que ma vie est foutue et que plus jamais je n'aurai ma chance.

Florent Manaudou et La Piscine
Le Cap Corse

Totalement dévorée par des idées noires, il me faut trois mois pour revoir le jour, soutenue par mes amis, mon psy et mon compagnon de l'époque qui vit à la campagne près de Pertuis. Les enfants viennent pendant les vacances scolaires. Cela m'aide énormément. C'est surtout l'apparition d'un nouveau projet professionnel qui va m'obliger à sortir de cet état.

Je reçois quelques appels et propositions, dont une en particulier qui retient mon attention.

Florent Manaudou est venu plusieurs fois dîner dans mon restaurant avec sa sœur Laure et son agent, ancien directeur du Cercle des nageurs de Marseille, Jean-François Salessy. Peu de temps après, ils décident d'investir dans la restauration en reprenant une institution du Vieux-Port, Le Crystal, à côté de la mairie. L'endroit est totalement transformé et rebaptisé d'un nom idéal pour un champion de natation : « La Piscine ». Le chef qu'ils avaient retenu a été obligé d'annuler son contrat un mois avant l'ouverture. C'est alors qu'ils prennent contact avec moi sachant que je suis libre. On est à l'été 2016, Florent est revenu des JO de Pékin avec une médaille et l'envie de faire un break.

Cette aventure lui plaît et il s'investit pleinement dès l'ouverture du restaurant. Sur la base d'un cahier des charges bien précis, ils décident de me confier la carte et c'est la première fois depuis l'échec de Chez Georgiana qu'on me fait à nouveau vraiment confiance.

J'ai travaillé pour La Piscine pendant plus de deux ans. Il y avait du monde en cuisine, et c'était la première fois que je dirigeais une grande brigade. À La Piscine, j'ai retrouvé le goût de mon métier, dans un format nouveau pour moi et avec une totale liberté. Je garde de Florent Manaudou le souvenir d'un homme joyeux, positif, très investi et d'une gentillesse touchante. Nous avons passé de très belles soirées avec lui et ses associés, Jean-François, Momo et Yohann. Je les remercie de m'avoir « rattrapée » alors que je m'étais coupée du monde.

La Piscine existe toujours, au même endroit, et j'y passe régulièrement.

Une fois ma mission terminée, j'ai la chance d'être contactée par le Misíncu, une très belle résidence hôtelière 5 étoiles située au Cap Corse. Ils souhaitent que je les rejoigne pour la saison estivale afin de créer leur carte d'été. Je prends un long mois de vacances au Bénin pour me ressourcer et me reposer avant de repartir pour cette nouvelle expérience. Les enfants me rejoignent fin décembre. C'est le premier Noël que nous passons tous ensemble au Bénin, avec ma mère et mon frère. Magique.

J'atterris en Corse au printemps. La plage du restaurant s'appelle « A Spartera », « À partager » en corse. C'est tout ce que j'aime. Avant d'accueillir le moindre client, il faut monter une très belle structure en bois flotté. Pendant sa construction, je prends contact avec ma nouvelle équipe. Je ne connais personne mais tous ont déjà travaillé ensemble et sont coutumiers des saisons dans les établissements de l'île. C'est encore une autre façon d'appréhender mon métier. Ils sont tous beaucoup plus jeunes que moi. Certains ont même l'âge de mon fils aîné. Les mettre en mouvement sur ce nouveau projet est une expérience intéressante. Le résultat est à la hauteur de nos attentes. Le restaurant est un succès et l'équipe est très soudée. Les enfants me rejoignent un mois entier en juillet. L'île de Beauté et le Cap Corse en particulier sont une grande découverte pour moi. Je suis sensible à la lumière, aux paysages et au caractère entier des Corses. L'activité est très intense et physiquement exigeante. Nous ne comptons pas nos heures et les clients sont ravis. Tout le monde vient nous voir cet été-là : les Corses, les touristes fortunés, et des peoples. Le festival qui se tient tout près de là, à Erbalunga, draine beaucoup de monde et notamment des célébrités comme Grand Corps Malade ou Patrick Bruel qui veulent découvrir le nouveau lieu *hype* du Cap Corse.

Les journées de travail sont toutes les mêmes, intenses et rythmées par les exigences professionnelles. J'arrive tous les matins à 6 h 30 sur la plage. Nous sommes quasiment les pieds dans l'eau. La cuisine est montée dans un Algeco très bien équipé. Dans une paillotte on fait l'envoi, et sur le côté deux gros braseros sont réservés aux grillades. Le bar, les fauteuils, les tables et les chaises sont tous face à la mer. En moyenne, nous accueillons une centaine de couverts par service. À la carte : poissons de la pêche locale, langoustes, viandes rouges ou blanches, salades XXL, légumes grillés, fritures.

Je travaille dans un climat de confiance, logée, nourrie et bien payée, dans un décor de rêve, la mer en prime. La Corse est un vrai paradis lorsqu'on a la chance d'y avoir vécu et travaillé dans ces conditions-là. Entre deux services, je m'octroie parfois une petite heure pour aller me baigner dans une rivière nichée dans les terres. L'eau est plus froide mais tellement revigorante par cette chaleur. Quelques ricochets et c'est reparti.

Ces deux aventures, La Piscine à Marseille et le Misíncu en Corse, dans de beaux endroits et une belle ambiance de travail, m'ont redonné une confiance et une énergie que je pensais perdues à jamais.

Nouvel espoir

De retour à Marseille, je décide de ne surtout pas me reposer pour ne pas risquer de voir ma dépression revenir. Forte d'un moral retrouvé, je me lance alors dans une nouvelle aventure, un nouveau restaurant que j'appelle Tindjan, un mot béninois que l'on peut traduire par « à l'étroit ».

Je crois que je commence à bénéficier d'une vraie confiance et d'une bonne réputation. Je rencontre des passionnés de cuisine, des patrons de restaurant, et de fil en aiguille des investisseurs potentiels. Deux d'entre eux expriment leur désir de financer mon nouveau projet.

Je réfléchis tout de suite à une carte. Dans ces moments-là, c'est jour et nuit. Je suis en totale immersion et je ne pense qu'à mes plats. J'écris beaucoup, je teste un peu, et je m'envole pour Cotonou pour parler cuisine avec ma mère. Ensemble, nous travaillons des recettes. Je propose, j'écoute, et nous avançons.

Du côté de la Canebière, ça avance aussi, et à mon retour nous visitons un fonds de commerce près de l'Opéra de Marseille, à deux pas du Vieux-Port. L'endroit est idéal, je suis très heureuse. Nous travaillons comme des fous sur le dossier et obtenons même un accord de principe sur le crédit. Mes investisseurs sont solides et confiants. Forts de cette bonne nouvelle, nous commençons même les premiers travaux de notre futur restaurant avant que l'argent ne soit sur le compte de la société.

Nous sommes le vendredi 6 mars 2020. Le financement doit être débloqué dans trois jours et nous pourrons finir les premières transformations du lieu. Depuis quelques semaines, on entend parler du Covid et quelques clusters ont été identifiés en France. L'inquiétude monte mais le président de la République déclare le samedi 7 mars que « nos habitudes de vie ne vont pas changer ».

Le dimanche 8 mars, la barre des mille cas confirmés est franchie et il est annoncé que les rassemblements de plus de mille personnes sont dorénavant interdits. Lundi 9 mars, alors que l'argent devait être disponible, la banque nous appelle pour nous annoncer que tout est gelé jusqu'à nouvel ordre.

On ne refait pas l'histoire, mais en l'occurrence tout s'est joué à une journée près. Plusieurs chefs marseillais interviennent pour nous aider. Lionel Lévy et Alexandre Mazzia, entre autres, appellent même la banque pour tenter de la convaincre de maintenir le projet, mais le refus de financement a été entériné.

Difficile de décrire mon état à ce moment-là. Tout s'effondre à nouveau. Les souvenirs de mes échecs précédents remontent à la surface et, au bout de quelques jours de déprime, je me dis évidemment que je n'y arriverai jamais, que ça se joue « là-haut » et que quelque chose (ou quelqu'un) ne veut pas que je réussisse ma vie.

Mes investisseurs sont formidables. Ils se battent encore mais sans succès, me consolent, parlent de fatalité. Nous devons rendre le fonds de commerce dans lequel nous avions commencé à bâtir le Tindjan, laissant en l'état les travaux engagés. Je ne sais pas ce qu'est devenu cet endroit par la suite. Je préfère ne pas le savoir.

Sombre confinement

Avant que ce projet voie le jour et me dévore, je m'étais dit que c'était le moment pour moi d'écrire un livre sur la cuisine de mon enfance, une sorte de transcription du carnet de recettes de ma famille. Je contacte plusieurs éditeurs et on me donne une réponse favorable chez Alain Ducasse. Avant de signer un contrat, Alain Ducasse lui-même demande à goûter quelques plats de cette cuisine qu'il n'a jamais expérimentée. Je suis impressionnée par son engagement et son exigence. Il dirige un empire et veut valider les plats de mon petit livre avant de signer le contrat. Je me retrouve dans les cuisines du Plaza Athénée à Paris pour préparer des recettes du Bénin à Alain Ducasse. Il entre dans la cuisine, il a une heure devant lui, pas une minute de plus. Je suis tétanisée mais je ne dois pas le montrer. J'ai préparé dix plats avec l'équipe du Plaza et mon ami Alain Girard, cuisinier d'origine béninoise. Le chef goûte, fait quelques remarques, mais tout va bien, donc pour moi aussi. Quel soulagement et quel honneur d'avoir le « go » d'Alain Ducasse ! Je peux commencer à rêver à mon livre.

Je m'y attelle avec toute l'énergie qu'il me reste. J'appelle ma mère (évidemment avec le Covid je ne peux plus me déplacer au Bénin) et je remonte le temps à la recherche des plats de mon enfance. C'est un gros travail de reconstituer les recettes ou de les réécrire, mais je trouve l'exercice passionnant. Bien entendu, cela passe par leur exécution et je me remets en cuisine, clandestinement, dans le restaurant d'une amie fermé à cause du confinement. Avec Maki Manoukian, une ancienne sous-cheffe et photographe exceptionnelle, nous mettons en scène tous les plats, et au bout de six mois j'entrevois à quoi pourrait ressembler ce livre une fois terminé. Mon éditrice et moi peaufinons le contenu et je trouve le résultat très réussi. Comme tout ce qu'il entreprend, en cuisine ou ailleurs, Alain Ducasse, accompagné de ses équipes, fait les choses avec une totale exigence. Le livre s'intitule *Le Goût de Cotonou* et j'en suis assez fière.

Pendant ce semestre de travail, j'ai presque oublié l'échec de notre projet de restaurant. Presque…

Pendant un an et demi, tout a été bloqué, la restauration traditionnelle avait disparu de la vie des Français. Les confinements ont été pour les cuisiniers et les restaurateurs un moment de vérité. Certains patrons ont été indemnisés « quoi qu'il en coûte » à hauteur de leur chiffre d'affaires, et les employés ont touché une partie de leur salaire. Après le Covid, nous avons tous vu que de nombreux établissements n'ont pas rouvert, laissant des équipes sur le carreau. Cette période sombre a laissé des traces.

Ceux qui ont été indemnisés ont, pendant cette période d'inactivité, découvert que la vie pouvait être rythmée autrement que par les quatorze heures passées en salle, en cuisine ou chez les fournisseurs chaque jour. Après les confinements, beaucoup de collègues ont changé de rythme, travaillé différemment ou envisagé un autre métier. Mais ça n'a pas duré longtemps. Pour la plupart, ils ont fini par rouvrir et reprendre leur vie. On ne se refait pas. Les chefs ne vous le diront pas souvent mais il faut une volonté de fer, que dis-je, en acier trempé pour exercer ce métier et surtout pour durer. Mille fois nous avons eu toutes les raisons, personnelles ou professionnelles, de nous arrêter, mais ce sont autant de lendemains où nous avons recommencé. À côté du mot « chef », il faudrait ajouter le mot « résilient ». Nous sommes tous des Super Résilients.

En ce qui me concerne, le seul objectif était de donner vie au Tindjan. Il ne verra jamais le jour.

Avant le Covid, je n'avais eu aucune activité professionnelle puisque j'étais embarquée dans ce projet. Par conséquent, pendant les confinements, je n'ai eu aucune ressource. Je n'ai pas gagné un centime ni pu bénéficier du RSA. Je ne pouvais pas payer mon loyer ni même manger correctement. Je veux juste expliquer par là que personne n'est à l'abri de la précarité. À titre personnel, je voyais les huissiers plusieurs fois par mois, mais après avoir emporté tout ce qu'ils pouvaient ils ont attendu, comme moi, des jours meilleurs. Alors j'ai travaillé comme j'ai pu, en bricolant grâce à l'aide de quelques amis. Les Grandes Tables de Marseille me laissaient faire des sandwichs chez eux, nous les proposions sur leur site et des clients les commandaient. N'osant pas les livrer moi-même de peur de faire pitié, ils en assuraient l'acheminement. Je leur dois ma survie financière et mentale. Avec mes sandwichs, je gagnais un peu moins de 50 euros par jour, cinq jours par semaine. L'association Gourméditerranée qui réunit des chefs de la région PACA est aussi présente à mes côtés. Elle avait créé un food truck dans lequel les chefs en précarité pouvaient venir faire à manger et gagner un peu d'argent. À la surprise de tout le monde, je m'inscris sur la liste des candidats et bénéficie d'une occasion supplémentaire de faire rentrer quelques sous. Le grand chef pâtissier marseillais Sylvain Depuichaffray me prêtait son local pour que je puisse y préparer les plats du food truck. Mes collègues n'avaient pas imaginé que je puisse être en difficulté à ce point, pourtant c'était la réalité.

À la sortie de cette étrange période, Les Grandes Tables de Marseille me proposent un travail. En tant qu'association, ils peuvent bénéficier d'emplois subventionnés pour sortir une personne de la précarité et ils me proposent 1000 euros par mois pour travailler avec eux. J'accepte. Ils me promettent de me payer un peu plus dès qu'ils le pourront, mais je suis de toute façon partante et je les remercie pour leur aide.

Rouge passion

Alors que je travaille aux Grandes Tables, Denis Allegrini, que je ne connais pas, souhaite me rencontrer. C'est un chef d'entreprise qui possède à l'époque quelques restaurants, il m'a suivie de loin après que le Gault&Millau m'a accordé deux toques et la dotation « Jeunes Talents » pour l'aventure de Chez Georgiana. Il est en train d'achever un gros projet d'hôtel 4 étoiles à Nîmes et souhaite ouvrir un restaurant dont il voudrait faire une résidence de chefs qui se succèdent par période de quelques mois, avec une nouvelle carte à chaque fois. J'écoute attentivement et lui réponds tout de suite que je suis intéressée, mais ennuyée par la distance entre Nîmes et Marseille. Je suis installée ici et c'est dans cette ville que je me projette. Mes enfants y vivent aussi et je ne veux pas mettre en péril cet équilibre. Il me répond gentiment qu'il veut vraiment travailler avec moi et qu'il est prêt à abandonner la résidence de chefs pour me nommer cheffe permanente de son restaurant. Je pourrai ainsi m'installer avec mes enfants à Nîmes. J'explique que mes enfants vivent avec leur père et qu'ils resteront marseillais. J'ajoute que je ne connais pas Nîmes et que je ne suis pas sûre d'avoir envie d'y vivre. Il me propose de venir le voir et de visiter le restaurant qu'il a conçu.

Me voilà partie à Nîmes, une ville délicieuse où la qualité de vie est évidente. Mais c'est surtout en découvrant l'hôtel et le restaurant que je bascule. Le Margaret Hôtel Chouleur est très beau, chic, intime, élégant, raffiné. Quant au Rouge, le restaurant qui m'est destiné, il est magnifique. La salle est dans le même goût que l'hôtel et la terrasse est incroyable, abritée du vent, un véritable espace extérieur décoré avec talent. Enfin la cuisine, ouverte, me fait tout de suite de l'œil. Je suis chez moi, je le sens. Je pose tout de même quelques conditions techniques et logistiques à Denis pour être certaine d'être à la hauteur de ses ambitions. Il les accepte toutes. Je ne peux plus reculer. Il faut se jeter dans le vide et tout construire. Il se trouve que Nîmes est à moins d'une heure de Marseille en train, je peux ainsi voir mes enfants plusieurs fois par semaine.

En arrivant sur mon nouveau lieu de travail, j'explique, fidèle à mon manque de confiance en moi, que je ne sais faire que du bistrot. Nous ouvrons Rouge dans l'esprit d'une brasserie, mais avec un menu unique imposé, ce qui me permet de me renouveler quotidiennement. (Vous vous souvenez ? c'était le principe du menu « Les yeux fermés » de Chez Georgiana !)

Nous ouvrons en juin. Je me souviens du premier jour et du déjeuner de presse. Des journalistes sont venus de toute la France sans vraiment me connaître. Face à eux, je prends enfin conscience que je suis la cheffe de cet établissement et que ma responsabilité est lourde.

Nous sentons que ça démarre bien et que le menu dégustation est apprécié. Quelques mois plus tard, Denis, mon patron, n'a pas lâché son idée. Il continue de me parler toutes les semaines de notre « gastro », tout en sachant que je n'assume pas encore ce mot. Il a raison d'insister parce que, de fait, nous sommes à cheval entre la brasserie et le restaurant gastronomique. Je fais encore quelques pirouettes pour contourner la réalité, mais je sais bien que je ne tiendrai pas longtemps cette ligne. C'est Denis qui a raison.

Nous sommes en novembre et il me propose de faire un test pour les fêtes de fin d'année. Un menu gastronomique pour mesurer si notre clientèle est prête à franchir le pas. Dans un gastro, la cuisine change mais les prix aussi, et nous ne savions pas, même en restant très raisonnables, si nos clients suivraient. Je devais rentrer à Marseille pour Noël mais Denis me demande de rester. Je refuse car je dois retrouver mon compagnon de l'époque (je lui dis « l'homme que j'aime ») et passer quelques jours avec lui. Denis insiste :

– S'il t'aime, il sera d'accord. Reste s'il te plaît. On va changer ce resto en gastro ensemble.

Je suis restée et mon homme de l'époque a compris.

Je prépare un menu gastro spécial Noël, et nous savons déjà, quinze jours avant la date, que nous ferons le plein grâce aux réservations. Le succès est total. Je suis impressionnée mais je ne le montre pas trop car je connais la suite. Elle ne tarde pas, par la voix de Denis :

– Georgiana, on y va maintenant. Il faut que tu prépares une carte gastro.

Je pose mes conditions :

– Oui, mais il me faut un sous-chef et peut-être même un pâtissier parce que je ne suis pas douée pour les desserts.

– OK, mais après tu y vas…

Il accepte donc l'idée des deux embauches.

Nous voilà en plein recrutement. Le chef pâtissier sera notre première rencontre, un surdoué. François Josse a 30 ans, il a été champion de France des desserts 2018 et a fait ses classes à La Mare aux oiseaux, à la Maison Pic, au George V et au Taillevent. Il a déjà remporté le prix Passion Dessert, l'étoile des pâtissiers du Michelin, à plusieurs reprises. C'est un garçon d'une exigence folle et délicieux dans le travail, ce qui ne gâche rien.

Pour le sous-chef, nous ne trouvons personne et le temps passe. Je ne peux plus faire attendre Denis. Nous trouverons notre sous-chef plus tard. Nous nous lançons.

Lors d'une conversation qui reste gravée dans ma mémoire, Denis et moi parlons franchement. Denis ne veut pas faire un gastro « dans le vide ». Il veut réussir et viser une étoile. Je blêmis mais je sais qu'il a raison, et c'est aussi mon rêve secret, même si je ne l'ai jamais formulé. Nous y pensons donc tous les deux, mais c'est la première fois que nous posons des mots dessus et prononçons la formule magique « étoile Michelin ». Nous savons que l'étoile ne tombe jamais du ciel et que la récompense est le fruit d'un long travail. Nous décidons de nous donner maximum trois ans pour entrer au Michelin, et ça commence tout de suite.

Je m'isole pour créer ma carte. Bien entendu, nous en avons beaucoup discuté avec Denis et nous sommes tombés d'accord. Cette carte doit me ressembler, quitte à prendre des risques.

Après une ouverture en mode brasserie en mai 2021, Rouge ouvre une seconde fois en janvier 2022 en tant que restaurant gastronomique. Les prix ont donc augmenté mais restent acceptables selon nous. Nous sommes tous sur les nerfs. Le guide Michelin nous repère vite (comment font-ils ?) et nous signale dans ses rubriques comme « table gastronomique ». Nous sommes ravis et émus par cette première reconnaissance.

– Le Michelin nous connaît !!! clame Denis, heureux comme un enfant, dans les cuisines.

Cette première année a été folle. Tout le monde était dévoué corps et âme au même objectif, un rêve que nous savions quasi inatteignable mais qui nous faisait tous nous lever chaque matin.

La première année, je vis au Margaret Hôtel Chouleur. J'ai une chambre de fonction qui a l'avantage d'être juste au-dessus des cuisines. Je vis donc « au bureau », ce qui a des avantages mais aussi l'inconvénient de ne jamais vraiment sortir de ma bulle professionnelle. J'ai besoin de cette immersion complète au départ. Je me lève la nuit pour descendre en cuisine, je suis la première arrivée à l'aube et souvent la dernière à quitter le restaurant vers 1 heure du matin.

Cette première année a vraiment été un sacerdoce. Nous débriefions chaque soir le service du jour et tentions chaque matin d'améliorer l'ensemble de notre prestation, du service jusqu'au moindre détail de chaque plat. Une carte est vivante dans le sens où un plat peut s'améliorer, millimètre par millimètre, à chaque service. Parmi ces améliorations, il y avait, je pense, des progrès à faire pour mieux intégrer le vin dans notre cuisine. Je n'ai jamais été une experte en œnologie pour la simple raison que je n'ai jamais bu d'alcool sauf en de rares exceptions (et pas toujours glorieuses, comme vous avez pu le constater). Heureusement, j'étais bien entourée. Avec Suzanne, ma merveilleuse sommelière, j'ai beaucoup travaillé sur ce que le vin pouvait apporter aux plats et inversement. Sa science et sa sensibilité ont vraiment fait progresser ma cuisine. Nous étudiions ensemble toutes mes recettes, nos échanges étaient devenus indispensables.

Pendant cette année « enfermée », il y a forcément eu des moments difficiles. J'étais très présente, tous les jours aux fourneaux, avec ce besoin de faire, de tout contrôler, d'être attentive à chaque seconde de chaque service. C'était sans doute exagéré, mais tout me paraissait crucial voire vital. Syndrome de la débutante, probablement.

Au bout d'un an, je quitte ma chambre de fonction à l'hôtel et emménage dans un petit appartement où j'habite depuis, au premier étage d'un bel immeuble en pierre donnant sur une place nîmoise très vivante, si animée qu'il faut fermer la fenêtre pour entendre la télévision ou discuter normalement les soirs d'été. Heureusement, j'y rentre souvent après le service, suffisamment tard pour que les fêtards soient partis.

Je vis à 300 mètres du restaurant, un peu en circuit fermé, mais cela me convient. J'ai appris à aimer la ville de Nîmes, qui ne s'offre pas toujours facilement mais qui, une fois qu'elle vous accueille, vous tient par le cœur.

Encore plus Rouge

Le premier été de Rouge s'est déroulé sans problème. J'ai réussi à partir quelques jours avec mes enfants mais, la plupart du temps, je les retrouvais à Marseille où je résidais chez des amis, et à Nîmes où ils venaient me rejoindre. Le restaurant commençait à trouver une vitesse de croisière. Denis semblait satisfait, et s'il était content je l'étais aussi. Nous commencions à avoir un peu de presse, des journalistes curieux de voir comment se débrouillait cette jeune cheffe ou des chroniqueurs gastronomiques interpellés par ce « Rouge » sorti de nulle part. Les retours étaient positifs et nous avons attaqué la rentrée de septembre avec optimisme.

Dans notre métier, on ne vit que de projets et de défis à relever. La routine est le pire ennemi de la cheffe. Un peu comme en amour, non ?

La rentrée est donc l'occasion de fixer un nouvel objectif pour toute l'équipe. Il faut inventer et construire quelque chose de nouveau, en plus de notre carte qui doit évidemment évoluer. Dans l'enceinte du Margaret Hôtel Chouleur, à côté de Rouge, il y a un magnifique bar qui donne sur la très passante rue Fresque. Nous y recevons depuis plus d'un an des Nîmois qui commencent à s'habituer au lieu et des visiteurs de passage qui viennent se rafraîchir. Depuis toujours, les chefs développent à côté de leur restaurant gastronomique une table de bistronomie, ce mot devenu courant qui décrit une cuisine à mi-chemin entre le bistrot classique et des associations de saveurs dignes d'un restaurant gastro, et qui se doit d'être nettement plus abordable financièrement qu'une cuisine étoilée.

À propos, savez-vous qui a inventé la bistronomie ? Tout concorde puisque c'est Yves Camdeborde, un de mes anges protecteurs, qui a initié le mouvement dans son restaurant La Régalade du 14ᵉ arrondissement de Paris. Le restaurant n'existe plus mais, à l'époque, il était déjà précurseur. Je cite ses propos : « Je voulais que mes potes du rugby puissent goûter le genre de cuisine que l'on faisait au Crillon. Que ça soit abordable pour des jeunes. La Régalade, je l'ai d'abord faite pour moi. »

Rien à ajouter, sinon : respect, cher Yves.

J'aime vraiment cette perspective de faire bon et moins cher parce que c'est le meilleur moyen de permettre aux personnes qui n'en ont pas les moyens d'accéder à la gastronomie. Les prix de la restauration ont augmenté ces dernières années, tout comme celui du « panier de la ménagère ». De ce point de vue, nous sommes dans le même bateau. Se nourrir est de plus en plus cher. Il est souvent difficile d'avoir une entrée, un plat et un dessert pour moins de 25 euros, et ce dans presque tous les établissements. Pour un plat, on est rarement sous les 15 euros. Dans un bistrot gastro, on est presque au même prix. Pourquoi manger ordinaire alors qu'on peut, pour le même budget, avoir accès au goût et à une véritable exigence ?

Je réfléchis tout de suite à l'histoire que j'ai envie de raconter dans ce nouveau lieu dédié à la bistronomie. Avec la transformation rapide de Rouge en gastro, j'ai un peu oublié la cuisine que je pratiquais à Marseille et qui m'a fait connaître, une cuisine très provençale, ultra méditerranéenne, joyeuse et ensoleillée. Nous sommes à Nîmes, je viens de Marseille et je suis béninoise, donc tout est raccord pour une cuisine du soleil. Denis est d'accord et propose de lui donner le nom de Gigi, en hommage à sa grand-mère. Je le regarde avec de grands yeux. Gigi est le surnom qu'on me donne depuis l'enfance, et je suis sûre qu'il s'est renseigné en douce auprès de ma famille avant de me « vendre » cette idée sur des références familiales. Soit, nous l'appellerons « Gigi », mais je demande fermement à mon équipe de ne pas m'appeler ainsi et de ne dire à personne que j'ai porté ce surnom toute ma vie. Officiellement, il s'agit donc du nom de la grand-mère de mon boss.

Je commence à créer une carte, nourrie de mes expériences passées. Il y aura des saveurs provençales, des moules au pastis, que j'adore, et des encornets menthe-pastis. Sur la carte, j'ajoute les pâtes et les œufs mimosa à la poutargue, des panisses, spécialité de Marseille (elles sont rondes dans le quartier de l'Estaque mais en forme de cube pour Gigi), du *pan con tomate* et de la joue de bœuf. C'est un peu un best of de mes cartes marseillaises, avec des associations de saveurs différentes. L'avantage de cette carte, c'est qu'on peut vraiment faire une cuisine « retour du marché ». Si mon poissonnier me montre une magnifique pêche de daurades, je les achète et les cuisine pour le midi même. Pour le dessert, nous choisissons de proposer entre autres un nougat glacé et une mousse au chocolat à partager. Elle est servie avec plusieurs toppings (des garnitures variées et parfois très colorées) qui pourront agrémenter la mousse à volonté.

La cuisine est assurée au même endroit que celle de la carte gastro, mais par une personne spécifique. Les fournisseurs sont les mêmes, donc la qualité des produits aussi, et en salle tout le monde met la main à la pâte pour le dressage. Pour le service (très important), nous trouvons également notre bonheur. Là aussi le casting est essentiel. Un restaurant, c'est un accueil, une assiette, une addition. Le Gigi doit être incarné par une personne sympathique et empathique, mais aussi dotée de caractère. Nous trouvons notre perle rare. Je travaille d'arrache-pied – et je m'amuse beaucoup – sur la carte de Gigi pendant l'automne, pour une ouverture en janvier. Le résultat ne se fait pas attendre puisque le nouveau bistrot du Margaret Hôtel Chouleur est un succès immédiat.

Vie de cheffe
Mode d'emploi

Aucune loi ne régit le temps de travail d'une cheffe ou d'un entrepreneur. Ce métier est un dévoreur de vie et on ne peut pas le pratiquer autrement. On me demande souvent si je suis au restaurant sept jours sur sept. La réponse est non. La première année, ce fut presque le cas malgré tout, parce que tout était à inventer dans ce nouveau lieu. Cela avait toujours été ainsi pour les restaurants précédents. Les années suivantes, j'ai pris un rythme plus « normal », avec deux jours de repos par semaine et même quelques vacances. Évidemment, l'été n'est pas le meilleur moment pour quitter Nîmes : la ville accueille de nombreux touristes, et le festival musical de Nîmes, dont la réputation n'est plus à faire, attire de mai à juillet des stars nationales et mondiales, donc un important public de passionnés. Mon congé d'été se résume en général à un ou deux longs week-ends durant lesquels je vais rejoindre des amis dans la campagne avignonnaise. Je pars le dimanche en fin de matinée ou le samedi soir dans la nuit si quelqu'un m'accompagne en voiture, et quoi qu'il arrive je suis de retour le mardi en début d'après-midi. Je me rattrape à l'automne et au printemps lorsque le restaurant ferme ses portes. Ces vacances-là sont souvent consacrées au farniente. Je pars généralement seule ou à deux, car pendant ces périodes de fermeture mes enfants sont à l'école et mes amis au travail. En dehors de ces semaines de pause, il m'arrive de m'absenter pour des rencontres gastronomiques, des dîners à quatre mains avec des collègues chefs, ou des déplacements que je m'impose pour découvrir des saveurs, des techniques nouvelles dans des régions ou des pays que je ne connais pas.

En 2024, en particulier, j'ai pu me rendre au Maroc pour la première fois, ainsi qu'au Brésil. Là-bas, nous avons visité des champs de café. J'ai bu un café avec du jus de canne à sucre frais. Le Brésil et la Colombie où je suis allée l'automne précédent sont deux destinations qui, je trouve, ressemblent beaucoup au Bénin, avec le manioc, l'igname, la *farofa* pour le *gari foto*, l'*azeite de dende* pour l'huile de palme. Les noms changent mais les saveurs se ressemblent et se parlent. Ce que j'ai surtout aimé, c'est découvrir d'autres façons de cuisiner ces ingrédients. Une fois qu'ils ont fait leur polenta de gari, ils la découpent en cubes qui sont ensuite panés et servis à l'apéro. Magnifique. Ces voyages, je le sais aujourd'hui, sont indispensables à la création et à l'ouverture d'esprit dont nous devons tous faire preuve pour nous renouveler.

Le rôle d'une cheffe est de concevoir et de créer une carte, de tracer un langage à travers un discours gastronomique, et de pratiquer ce langage jusqu'à ce que l'équipe qui l'entoure le parle couramment. Cela prend plusieurs mois, et pour ma première carte cela a duré une année entière. Ensuite, il faut s'assurer le plus souvent possible qu'aucune dérive ne survienne. Pour la plupart des membres de mon équipe, il y a déjà une formation scolaire où l'objectif est d'acquérir toutes les bases, puis il y a l'entreprise, le stage dans un restaurant où ils vont découvrir la réalité du métier. C'est souvent un choc qui permet de mesurer la volonté, la précision et la résistance au stress, trois qualités indispensables au travail en cuisine.

C'est une grande responsabilité d'avoir un apprenant avec soi. Il faut s'assurer qu'à la fin de son contrat (entre six mois et deux ans), il reparte en ayant appris le plus de choses possible avec la contrainte du temps de travail réglementaire. Pour eux et pour les autres collaborateurs. Il y a un vrai sujet sur les trente-neuf heures. Très peu de restaurants peuvent se permettre d'avoir deux équipes complètes pour couvrir les deux services. Résultat, chez la plupart d'entre nous, les chefs et les salariés en statut cadre font des journées à « super rallonge ». L'autre solution est de rester sur une microstructure, de n'ouvrir que le midi ou le soir et de proposer une entrée, un plat et un dessert. Je ne veux pas développer de discours politico-économique, mais simplement décrire une réalité.

Revenons à Rouge. Lorsque le menu est validé en interne et que les clients l'accueillent bien, c'est un véritable soulagement. Quand c'est un succès, c'est carrément l'euphorie. Il faut savoir prendre de la distance pour préparer la suite, c'est-à-dire la carte suivante, mais attention : c'est rare à Rouge de devoir changer tous les plats en une fois. Cela se fait progressivement. Malgré la nécessité de se renouveler, si un de nos plats fait l'unanimité il faut le garder aussi longtemps que possible. C'est le bon sens qui doit toujours nous guider.

L'inaccessible étoile

À l'automne toujours, vers le mois de novembre, tout le monde vous dira que dans les restaurants gastronomiques on commence à avoir une idée fixe, voire une obsession, qui prend la forme d'un guide rouge nommé Michelin. Et quand on s'appelle « Rouge », on peut encore moins échapper à cette pensée récurrente. Si nous sommes enquêtés, nous pensons que cela va se dérouler, anonymement comme toujours, dans les semaines qui viennent, alors qu'en réalité nous n'en savons rien du tout. Le Michelin obsède davantage Denis. À titre personnel, je ne nous accorde à cette époque aucune chance d'être récompensés au bout d'un an. C'est beaucoup trop court. Nous continuons donc à travailler normalement, c'est-à-dire comme des fous. Il faut savoir que même si nous cherchons à éviter le sujet

Michelin, tout nous y ramène. Notre propriétaire, notre famille, tous nos amis sans exception et tous les journalistes qui s'aventurent jusqu'à ce nouveau lieu gastronomique nîmois. Je dois donc chaque semaine répondre à une dizaine de reprises que cela n'est pas ma préoccupation actuelle et que nous nous donnons plusieurs années pour atteindre cet objectif. Néanmoins, le Michelin finit par entrer de force dans ma tête et je me mets à beaucoup y penser. Commence alors la période de paranoïa aiguë. Le chef de salle scrute discrètement les réservations pour une personne seule alors que nous ne savons pas si les enquêteurs se déplacent toujours seuls. Le jour venu, chaque client qui déjeune ou dîne seul devient suspect. Résultat, et je m'en suis rendu compte à ce moment-là après l'avoir entendu de la bouche des jeunes étoilés, toute l'équipe redouble encore plus d'énergie, si c'est possible, pour satisfaire la clientèle, et je pense sincèrement que le niveau de notre cuisine monte encore d'un cran. Je vous conseille donc de vous rendre seul dans les jeunes restaurants gastronomiques entre octobre et décembre pour être certain d'être traité comme un roi.

Les jours passent et, à l'approche des fêtes, pour être honnête, la pression de l'entourage est telle que je commence à stresser, même si je suis toujours certaine que cela ne sera pas pour cette année, celle de nos débuts. Les fêtes de fin d'année sont joyeuses car je peux les passer avec mes enfants, ce que je n'avais pas pu faire l'année précédente pour cause de premier menu de Noël.

À partir de janvier, nous ouvrons Gigi en grande pompe et c'est un très joli moment. Une moitié du cerveau de Denis est directement connectée à l'étoile. Tout le monde essaie d'avoir des infos, et nous n'en avons aucune.

En février, nous pensons beaucoup à mars, au 6 mars précisément puisque c'est la date de la cérémonie de remise des étoiles du guide Michelin, qui se déroule cette année-là à Strasbourg. Nous en parlons très souvent avec Denis et François Josse, notre chef pâtissier. Ils sont tous les deux dans l'autosuggestion, ou peut-être dotés d'un optimiste en acier trempé. Nous allons avoir l'étoile, c'est certain. Je refuse par principe d'acquiescer et ne les suis pas. Je suis plutôt persuadée du contraire. Malgré nos efforts, nous n'avons qu'un an d'existence, et je ne suis personne dans le milieu. Ne pas avoir l'étoile serait dans l'ordre naturel des choses, l'obtenir deviendrait une divine surprise. Cela me convient mieux comme ça.

Fin février, je reçois un appel : « Bonjour, Guide Michelin, je vous appelle à propos de la cérémonie. Nous aimerions que vous soyez présente le 6 mars avec votre pâtissier. »

Je n'ose rien demander, et de toute façon je n'aurais rien pu dire d'autre que « oui, merci ». L'appel interpelle, non ? Et nous voilà tous lancés dans des prévisions. À titre personnel, je pense que François va être justement récompensé une nouvelle fois pour son magnifique travail et que nous attendrons notre tour pour l'étoile. Celui-ci continue plus que jamais d'être persuadé que nous allons être étoilés.

– Tu verras, tu seras la première femme noire étoilée au Michelin.

Je ne réponds pas, déjà parce que honnêtement je n'y avais pas pensé, et qu'en plus je n'y crois toujours pas. Nous décidons de ne parler à personne de cet appel afin d'éviter un enthousiasme naturel qui pourrait se transformer en déception.

Une semaine avant la cérémonie, je demande aux équipes du Guide Michelin si je peux amener mon fils à la remise des trophées. Réponse positive. Nouvelle série d'analyses de cette réponse : « S'ils acceptent ton fils, c'est vraiment que tu as quelque chose » ; « Je pense que s'ils acceptent que je vienne en famille, c'est parce qu'on va être spectateurs. »

La veille de notre départ, nous informons toutes nos équipes de notre présence à la cérémonie avec beaucoup de précautions, en expliquant qu'une invitation ne vaut ni nomination ni récompense, et que nous sommes juste une jeune table en devenir invitée chez les grands.

Nous voilà partis en voiture pour Strasbourg (grève SNCF oblige). C'est Denis qui conduit, François à côté, mon petit Paul-Arthur et moi à l'arrière.

À Strasbourg, nous sommes logés dans un bel hôtel et Paul-Arthur est ravi. Il est au spectacle. Nous arrivons en fin de journée du dimanche 5 mars pour la cérémonie du lundi 6. Le dimanche, nous dit-on, des soirées off sont organisées dans plusieurs endroits de la ville. Nous ne sommes invités à aucune d'entre elles. Nouveau signe que l'étoile n'est pas pour nous.

Au petit déjeuner du 6, prévu dans le hall du Palais des Congrès où va se tenir la cérémonie, tous les chefs découvrent les invités et c'est la revue de détail. Il y a donc elle, et lui, et pas lui, et qu'est-ce que ça veut dire ? Puis ils me voient, et à mon tour je constate leur grand étonnement. Je lis sur certains visages les pensées des chefs : « Elle va avoir une étoile ! »

C'est un moment étrange où la nature des gens se révèle. Il y a les gentils, ceux qui sont heureux que des nouveaux soient présents et qui partagent avec eux le privilège d'être là, et les rageux dont on sent qu'ils scrutent tout nouveau visage avec circonspection, voire malveillance. J'ai pensé plusieurs fois à Malefoy dans *Harry Potter*.

Je croise des chefs que je connais et qui me souhaitent bonne chance. À partir d'un certain niveau, deux ou trois étoiles, et d'un grand nombre d'années de présence dans le cercle des étoilés, les grands chefs deviennent souvent des sages. Ils sont respectés par toute la profession, n'ont plus grand-chose à prouver et jouent avec beaucoup de générosité le rôle de parrain ou de conseiller amical.

La grand-messe se déroule habituellement entre 17 heures et 18 h 30 pour que les résultats soient repris dans les journaux de 20 heures du jour même. Exceptionnellement cette fois, la cérémonie débute à 10 heures à cause d'une grève nationale qui touche les transports. Depuis toujours, les nouveaux étoilés montent sur scène avec leur veste de chefs. Mes amis qui ont déjà vécu « ça » me racontent qu'au vu du nombre d'élus de cette année – une trentaine –, l'organisation est en train d'appeler discrètement les lauréats en coulisse pour qu'ils enfilent leurs vestes avant que la cérémonie commence. Je n'ai évidemment aucun contact avec quiconque. Je suis quasiment la dernière à entrer dans la salle… et rien. Pas un « psst par ici ». Aucun signe de l'organisation. Pour moi, c'est scellé, je ne ferai pas partie des élus, et à la limite, cela me détend. Mon stress redescend et je suis bien décidée à profiter le plus possible du spectacle.

Les trophées Passion Dessert sont toujours décernés avant les étoiles, et François est à nouveau récompensé, ainsi que notre restaurant par voie de conséquence. Quelle fierté ! Je suis très heureuse pour lui qui travaille tellement et qui est si doué.

On arrive aux étoiles. La présentatrice, Anaïs Bouton, très professionnelle et bienveillante, annonce que « les nouveaux étoilés sont dans la salle et monteront sur scène avec leur veste à l'appel de leur nom ». Sans le savoir, elle remue le couteau dans la plaie. Je n'ai pas de veste, ni sur moi, ni même sur mes genoux. Denis me regarde, lui y croit encore, et je ne sais vraiment plus pourquoi. Anaïs présente ensuite une carte de France des nouveaux étoilés, sans les noms bien entendu, qui doivent apparaître au fur et à mesure un écran géant. La France est divisée en quatre : Nord-Est, Nord-Ouest, Sud-Est et Sud-Ouest.

Le grand huit émotionnel commence. En bonne Marseillaise que je suis, je scrute avec émotion la carte du Sud-Est, et je ne vois rien du côté de chez nous. Descente infernale, ce n'est pas pour nous. Nous avons tous les quatre le regard braqué sur l'écran et personne n'ose prononcer le moindre mot. Le Nord-Est et le Nord-Ouest passent ensuite, et nous applaudissons bien sûr les nouveaux étoilés. Enfin apparaît le Sud-Ouest, et je me souviens alors que notre département, le Gard, fait partie de l'Occitanie et non du Sud-Est. Le compteur de stress remonte très vite. En regardant les localisations des points, il nous semble voir quelque chose du côté de Nîmes, mais rien de vraiment certain. Denis se penche vers moi et me dit :

– Le Gard est allumé.

Je ne sais pas quoi répondre, je suis sans voix. Il y a cinq nouveaux étoilés dans le Sud-Ouest. Le premier passe, le deuxième, le troisième et le quatrième. Dans le grand huit, nous étions tout en haut en voyant la carte et le Gard s'allumer, et nous avons descendu quatre étages. Anaïs Bouton annonce qu'elle va maintenant annoncer le dernier établissement nouvellement étoilé. Elle maintient un suspense d'une grande cruauté pour nous. J'ai décidé de ne plus y croire mais j'écoute quand même.

« Nous allons dans le Gard, à Nîmes, et la dernière nouvelle étoile Michelin est attribuée à… Rouge, le restaurant du Margaret Hôtel Chouleur, et sa cheffe Georgiana Viou…

Je peux difficilement décrire ce que je ressens à ce moment-là. Côté physiologique, c'est un peu comme un saut à l'élastique et tout se chamboule en moi, je suis comme prise d'un immense vertige. Je me sens comme dans un film. Pendant quelques secondes, je suis presque spectatrice de cet instant. Puis la joie apparaît, et par flashs très rapides j'ai en tête les visages de l'équipe du restaurant, qui suit la cérémonie via Internet. J'aperçois le regard de Denis à qui je dois tout, celui de François qui nous a tant aidés, et le sourire de mon fils Paul. Je me souviens aussi d'avoir entrevu les visages de mes deux autres enfants et celui de ma mère. Cela n'est pas sans me rappeler les expériences de mort imminente lors desquelles la vie défile.

Mais il faut que je monte sur scène. J'ai revêtu une tenue africaine et je m'y dirige avec un équilibre précaire. La salle applaudit et se lève même ! C'est beaucoup trop, c'est bouleversant. Je lève les yeux et vois tous les chefs trois étoiles debout. Ils m'applaudissent. C'est irréel. À cet instant, je prends un peu la mesure de ce que nous avons accompli avec Justine, ma sous-cheffe, et toute la merveilleuse équipe en cuisine et en salle.

À mon tour de prendre la parole. Je ne sais plus très bien ce que je dis, mais je me rappelle avoir souligné que tout cela n'était pas que pour moi et que nous étions une équipe merveilleuse. Je ne pense pas avoir parlé du Bénin, ni de ma mère ou de mes enfants, et je m'en veux. Mais je n'avais rien préparé et j'ai improvisé. Puis je me souviens que mon amie Delphine m'avait dit : « Si tu as l'étoile, tu dois faire une danse », alors je l'énonce sur scène en précisant que je ne le ferai pas. Intérieurement, je pense : *Si tu ne veux pas le faire, tais-toi !* Mais je voulais que Delphine sache que j'y avais songé. Anaïs, très pro, me dit qu'il faut au contraire respecter cette promesse et qu'elle va danser avec moi. Nous voilà donc toutes les deux les bras en l'air et le corps en mouvement sur la scène du Michelin.

Lorsque je retrouve mes compagnons de voyage – Denis, François et Paul-Arthur –, nous nous serrons si fort que nos bras s'en souviennent. Denis est en larmes. Une grande émotion et une grande fierté se lisent dans ses yeux. C'est notre rêve qui vient de se réaliser.

À la fin de la cérémonie, les professionnels et les lauréats se retrouvent et je reçois des dizaines de témoignages adorables. Je réponds aussi à beaucoup de questions de journalistes qui ne me connaissent pas, et je les comprends ! Je sais que quelque chose vient de changer et que nous avons eu la chance de remporter en un an ce que d'autres obtiennent au bout de nombreuses années. Cette récompense nous honore, mais elle fait tout de suite peser sur nos épaules une lourde responsabilité. Cela dit, ce soir-là, je ne pense qu'à l'honneur qu'on nous fait et je suis tout à la joie de cet instant inoubliable.

Nous rentrons à l'hôtel pour récupérer nos bagages et reprenons directement la route pour Nîmes. Mon fils est toujours avec moi. Je lui glisse à l'oreille : « C'est ouf ! Je suis tellement contente que tu aies été là ! » Avoir un de mes enfants juste à côté de moi ce jour-là, à ce moment précis, a rendu cette cérémonie encore plus inoubliable. (Même si avoir les trois aurait été encore mieux !)

La route est longue entre Strasbourg et Nîmes. Il se passe mille choses dans ma tête et mon corps, mais je ne le montre pas. Le retour à Nîmes est fébrile. Je me dis que c'est le moment idéal pour répondre aux messages reçus, notamment les messages écrits, mais c'est peine perdue, il y en a déjà trop et de nouveaux mails et textos arrivent sans arrêt. Je rate d'ailleurs celui du président de la République du Bénin.

Lorsque nous arrivons, c'est la surprise et l'émotion qui l'emportent. Toutes nos équipes sont venues, même les salariés en repos ou en congé, mais aussi les personnels des autres établissements du groupe. Je m'en souviendrai toute ma vie. En découvrant l'assemblée, nous sommes bouleversés. J'aperçois aussi des clients fidèles qui ont suivi la cérémonie du Michelin et qui ont tenu à saluer la bonne nouvelle. L'arrivée à Rouge est donc une vraie fête, simple et amicale. Christophe et Audrey, les nouveaux associés de Denis, ont mis les petits plats dans les grands : champagne, petits-fours. Nous nous serrons les uns contre les autres et l'émotion est palpable. Il faut ensuite prendre la parole. Denis commence avec un très beau discours et rappelle que nous partons de loin, que c'est le résultat d'un énorme travail et que, comme nous le savions tous déjà, cette récompense nous oblige. Il dit que c'est un « rêve de gosse » pour lui mais que c'est surtout notre réussite. Les visiteurs vont venir nous voir plus nombreux et avec une attente plus grande encore. L'étoile se gagne donc tous les jours, à chaque service, dans le cœur de nos clients.

C'est à mon tour de prendre la parole, et je suis très émue. Je fais deux ou trois petites blagues pas très drôles pour essayer de détendre l'atmosphère et surtout me détendre moi. Puis je me lance en disant que j'aurais voulu que tous soient là avec nous à la cérémonie. J'y ai d'ailleurs pensé en montant sur scène. Je ne suis pas seule et rien ne serait arrivé sans mon équipe à mes côtés. C'est vrai dans beaucoup de métiers, mais vous pouvez imaginer que dans une cuisine, tous les maillons sont importants. Si l'un lâche, tout peut s'écrouler. Comme le dit l'adage : « La solidité d'une chaîne est égale à celle de son maillon le plus faible. » Dans le cas d'un restaurant étoilé, la chaîne doit être extrêmement solide car elle est tendue en permanence. Chaque maillon doit donc être indestructible. Je ne cesse d'y penser en cuisine, et c'est la raison pour laquelle je vais devoir être, plus que jamais, attentive à tout, mais aussi soutenir tout le monde, et en premier lieu être hyper exigeante envers moi-même.

La voilà cette équipe de rêve.

En cuisine : Justine Mathieu, François Josse, Jonathan Jaillard, Mattéo Lagarrigue, Wendy Nonthaveth, Saïd Bacar, Sonia M. et Raphaël Caetano.

En salle : Suzanne Cochran, Sacha Gomez, Emma Delatre, Galien Bifano et M. Farid.

Pour l'hébergement : Lise Vignal.

Pour tout l'établissement : Arnaud Tardin.

Cette étoile est leur victoire.

Je rentre à l'appartement tard ce soir-là. Sur mon téléphone, les félicitations et les témoignages d'amitié saturent ma messagerie vocale et je ne parviens pas à lire tous les SMS. Au milieu de ces messages, il y a beaucoup de demandes d'interviews et je suis totalement dépassée. Le lendemain, d'autres demandes arrivent. Pendant trois mois, les demandes d'entretien arriveront par dizaines, du magazine d'Ethiopian Airlines à la presse béninoise en passant par les radios, les télévisions, les magazines féminins et la presse gastronomique. Des demandes arrivent aussi des États-Unis où les journalistes ont repéré que la première femme noire venait d'être récompensée par une étoile. Je ne suis pas préparée à tout cela. Je n'ai pas d'assistante, mon téléphone est dans ma veste pendant les services et je suis donc incapable de faire face. J'en garde aujourd'hui un énorme sentiment de frustration. Je n'ai pu ni su m'organiser et j'ai refusé huit demandes sur dix, ne conservant que les entretiens qui pouvaient se réaliser à distance. Je ne pouvais ni ne voulais quitter la cuisine. L'étoile me stressait et j'étais plus scotchée au restaurant que jamais. Je présente rétrospectivement mes excuses à celles et ceux à qui j'ai dû dire non. Je savais bien sûr que le soutien de la presse était essentiel dans notre métier, mais j'étais épuisée et seule. La charge mentale accumulée par l'attente de l'étoile, la cérémonie, le retour à Nîmes, les trente demandes d'interview quotidiennes et les trois qu'on accepte chaque jour et qu'il faut assurer, tout cela m'a dépassée. Je dois dire néanmoins que tous les journalistes que j'ai rencontrés ont été d'une grande bienveillance à mon égard. Je débutais dans l'exercice des interviews multiples et, bien souvent, je n'ai pas dû, malgré ma bonne volonté, être une invitée à la hauteur.

What's next?

Que se passe-t-il après l'étoile ? C'est la grande question. Voilà ce qui s'est passé en coulisses…

Côté Rouge, l'effet a été immédiat. Nous nous portions déjà bien, mais du jour au lendemain les appels ont été multipliés par cinquante, à tel point que nous avons dû y dédier à temps plein une personne. La salle n'étant pas extensible, nous passions notre temps à refuser des réservations et à tenter de satisfaire les demandes, ce qui était tout simplement impossible. C'est extrêmement frustrant de refuser des clients. Je fais ce métier pour les observer déguster nos créations, donc dire non à quelqu'un qui insiste pour venir goûter ma cuisine est un crève-cœur.

Après ce tsunami, la vie à Rouge reprend son cours, et mon activité de cheffe change un peu. Je suis plus souvent sollicitée pour des dîners à quatre mains et on m'invite plus fréquemment à cuisiner dans des pays lointains. Quand je dis que ma vie change, c'est plutôt mon statut qui a évolué. Très souvent, dans les entretiens, les journalistes font allusion, sans savoir comment l'amener, au fait que je sois une femme noire, la première à avoir reçu une étoile Michelin. Je reviendrai sur ce point que je ne veux pas aborder en quelques lignes.

Après une période d'euphorie immédiate, le quotidien rattrape toute l'équipe. Le jour qui suit l'étoile ressemble aux autres jours de l'année. Les clients qui avaient déjà réservé « sans étoile » sont bien là, et ravis d'inaugurer le nouveau statut de Rouge. Il faut produire une cuisine d'excellence et être à la hauteur de l'honneur qu'on vient de nous faire. En interne, c'est parfois plus compliqué car les membres de notre équipe deviennent des oiseaux rares chassés par d'autres tables. Ils ont construit l'étoile avec nous, mais ils doivent eux aussi progresser et nous quittent. En dix-huit mois, nous devons renouveler l'intégralité de la brigade. C'est là que la présence de la cheffe est importante. Elle est le lien entre tous, la mémoire vivante de la carte créée, la gardienne de l'esprit du lieu. C'est vrai que le recrutement est délicat, mais il est en même temps excitant parce que le sang neuf qui arrive dans notre maison va nous faire encore évoluer, nous aider à nous renouveler grâce à un nouveau regard. Pour en avoir parlé à d'autres chefs qui ont vécu la même chose que moi, cette phase de stabilisation post-étoile est habituelle, et je trouve que nous l'avons bien gérée.

Comment continuer, comment rebondir, quels sont les projets qui me font encore rêver ? Je ne sais pas toujours répondre clairement à cette question. J'observe mes collègues chefs. Certains ont multiplié les lieux autour de leur restaurant principal et ont bâti localement ou dans d'autres villes un petit empire avec d'autres restaurants gastronomiques (ils cumulent ainsi les étoiles pour les meilleurs d'entre eux), avec des saladeries, des food trucks, des sandwicheries, voire des tables japonaises ou des spécialistes du brunch. Ils le font souvent avec talent et font progresser les spécialités auxquelles ils s'attachent. Il faut déjà de l'énergie pour diriger un lieu, mais pour quatre ou cinq, il faut plus que ça : une organisation implacable et un bras droit de confiance. Je ne fais pour l'instant pas partie de ces bâtisseurs acharnés que j'admire. Il faut dire que je n'ai pas de bras droit non plus.

J'entends aussi beaucoup qu'à force de se diversifier on risque d'y perdre son ou ses étoiles et de se perdre tout court. On dit tellement de choses autour de ces étoiles… À la question « *what's next?* », les premiers éléments de réponses auxquels je peux penser ne concernent pas l'étoile. Très souvent, des clients m'interpellent et me demandent si on va « chercher la deuxième ». C'est très gentil de leur part et je sens chez eux une vraie envie de me voir progresser, comme on encourage une amie.

Je pense profondément qu'il n'y a pas de méthode, de guide pratique ou de cases à remplir pour obtenir une deuxième et une troisième étoile. Ce dont nous sommes sûrs en revanche, avec Denis, c'est que cela nécessite des investissements très importants en personnel, avec le risque de fragiliser l'économie de notre établissement. À mon humble avis, c'est encore un peu tôt pour Rouge. La cuisine seule ne suffit pas, et à l'heure où j'écris ces lignes, nous manquons cruellement de personnel en salle. Je pense aussi que nous y viendrons, mais qu'il nous faut solidifier encore notre structure actuelle. En attendant, la première étoile est là et nous espérons tous qu'elle brillera le plus longtemps possible. Chaque jour encore, nous faisons tout pour nous en montrer dignes.

Il y a, pour simplifier, deux types de réactions possibles après l'étoile dans notre profession.

La course aux étoiles : certains chefs veulent que la première étoile fasse très vite des petits et ne s'arrêteront, disent-ils, qu'à la troisième. C'est une quête magnifique, l'objectif d'une vie. Je pense cependant que c'est un chemin qui peut rendre fou. Je vous disais plus haut que la cuisine ne suffisait pas. Il y a un adage dans notre métier qui dit que la première étoile est dans l'assiette et que les autres sont dans tout le reste, et c'est ce « tout le reste » qui, je crois, peut faire perdre la raison.

La course aux contrats : d'autres chefs décident de poser leur nom sur des marques ou des enseignes et multiplient les contrats très fructueux. Pour une poignée d'entre eux, il y a souvent beaucoup d'argent à gagner, et devenir riche n'est pas un péché mortel si on ne fait de mal à personne. Quand j'étais plus jeune, je voulais être riche. Je vais maintenant avoir 50 ans et, à moins qu'on m'envoie par mail la formule de l'alchimiste qui transforme tous les métaux en or, je sais que je ne serai pas millionnaire et ça ne m'empêche pas de dormir. La réussite est ailleurs. J'ai déjà de la chance de vivre confortablement du métier que j'aime, ce qui, pardon pour la « porte ouverte », est une vraie richesse.

Soyons honnêtes, la majorité des chefs n'appartient de manière caricaturale à aucun de ces deux camps. Il y a beaucoup de nuances dans chacun des parcours que j'ai pu croiser. Je ne suis donc, pour ma part, dans aucune de ces familles, mais ça ne surprendra personne puisque dès le départ je suis une *outsider* au pays des *winners*, une autodidacte entourée de surdoués.

Ce que j'aimerais aujourd'hui, c'est contribuer d'une manière ou d'une autre à la formation des futures générations de chefs et cheffes, et particulièrement au Bénin. Par ailleurs, et en tant que cheffe de cuisine mais aussi cheffe d'entreprise, je voudrais être capable d'ouvrir un ou deux autres lieux qui me ressemblent. Où, quand et comment ? J'espère avoir des débuts de réponses bientôt. Il y aura forcément un lieu dédié à la cuisine béninoise, l'autre est à inventer. Pour l'instant, je n'en ai pas les moyens, et je n'ai pas encore, autour de moi, les professionnels et les conseillers pour y parvenir. De toute façon, rien ne peut se mettre en route avant que Rouge, le vaisseau amiral, ne soit pérenne. Sur ce vaisseau, j'ai une très belle équipe en cuisine, je suis en confiance totale, et je pense même qu'ils sont prêts à raconter de nouvelles histoires sur la base de ce que nous avons construit et sur quoi nous veillons amoureusement. Je peux commencer à libérer du temps pour penser à la suite et peut-être m'entourer de spécialistes du développement économico-gastronomique. Je suis à la fois très entourée par ceux que j'aime et très seule face à mes projets. Personne d'autre que moi ne s'occupe de mon image ou de mon avenir.

Je dois coucher mes projets sur le papier tout comme, depuis des années, je prends des notes sur mes carnets. La prochaine étape est une collaboration avec l'hôtel Sofitel de Cotonou. J'ai la lourde tâche de signer la carte de leur restaurant signature pour les deux années à venir. C'est important pour moi, comme tout ce qui touche au Bénin.

Les chemins de l'inspiration

J'ai choisi d'aborder cette question à la fin du livre parce qu'elle est à l'origine de tout. Beaucoup de personnes me demandent où je puise l'inspiration. D'où viennent les idées, les nouvelles recettes ? Comment créer une carte, trouver une cohérence ?

Sans idée, sans intuition, sans lumière qui s'allume dans le cerveau, il n'y a rien, ni carte, ni plat, ni talent, ni cheffe.

Je crois que dans notre métier chacun fait selon sa nature. Il n'y a ni méthode ni école ni règle.

En ce qui me concerne, c'est un mouvement permanent. Il n'y a pas de jour off dans l'inspiration, et en même temps, tous les jours ne sont pas féconds.

Je prends beaucoup de notes, sur des formes, des produits, des associations de goûts. Dernièrement, j'ai aperçu un dessin, une forme sur une affiche dans la rue, et il m'a tout de suite fait penser à la manière dont je pourrais dresser une assiette. Je l'ai dessiné comme j'ai pu pour en garder la trace. Parfois je photographie avec mon smartphone, mais j'ai tendance à égarer les clichés, ou à ne pas savoir où les ranger. Les écrits et les dessins restent. À n'importe quel moment de la journée je peux sentir une odeur, avoir envie de goûter, le faire (il faut toujours tout goûter) et noter ce que je ressens, en bien ou en mal. Notre vie quotidienne est emplie d'odeurs, d'association de saveurs, de mélange de sensations à interpréter. Il me vient des idées quand je marche dans la nature ou en ville, quand je suis dans l'avion et que je mélange deux plats du repas d'une compagnie aérienne. Il me vient des idées quand je fais l'amour, quand les peaux se mélangent, quand j'embrasse ou pose ma langue sur une partie du corps de mon partenaire. Il m'est arrivé, je le confesse, de prendre des notes sur des accords de saveurs après un « moment d'intimité inspirant ».

Il me vient aussi beaucoup d'idées quand je cuisine en dehors du restaurant. Lors de mes déplacements, ou encore en famille ou pour des amis. Lorsque cela arrive, je teste à chaque fois quelque chose, un nouvel accord, sans rien dire à personne. Je le fais naturellement, comme par réflexe. Ensuite, lorsque mes cobayes goûtent, je les observe et les écoute. On manifeste son plaisir avec le corps et avec les mots, parfois même avec un soupir. C'est fou ce que l'on peut apprendre d'un plat en prenant juste le temps de regarder ceux qui le mangent. Souvent, je pose aussi des questions : pourquoi ça te plaît, pourquoi tu trouves ça moyen, que manque-t-il ? Tout le monde ne peut pas répondre aussi précisément sans une culture du goût et des saveurs, mais peu importe. Je prends toutes les informations, je les enregistre, et à la fin de la soirée je les note dans un de mes carnets. Je précise tout de même que je ne fais pas à manger à chaque réunion de famille, à chaque repas entre amis, ou à chaque dîner professionnel, au risque de décevoir ceux qui comptent m'inviter ! Je me repose parfois, et je teste toutes les cuisines, celle de ma copine de lycée ou du copain de passage, celle d'un(e) chef(fe) chez qui je m'attable lors d'un séjour dans une autre ville. À ce moment-là, c'est moi qui goûte, qui interroge, qui peut compléter parfois. Il m'est arrivé d'inventer des recettes en goûtant tout autre chose avant de parvenir par association d'idées et de saveurs à la vision de mon plat. Je ne sais pas par quelle chimie neuronale cela se produit, mais ça arrive. En réalité, je pense que presque tous les moments de la vie envoient un message à caractère olfactif ou gustatif, à condition d'être attentif.

J'ai donc des dizaines de carnets. Certains comportent quelques croquis, d'autres sont envahis de notes et de réflexions, et je les consulte régulièrement.

Puis vient le moment de la conception. Pour moi, cette étape est très liée aux premières heures du jour. En temps normal, je peux arriver à 9 ou 10 heures au restaurant si tout a été préparé la veille, mais quand j'ai une idée à développer, j'ai besoin de solitude, de silence et de l'aube. J'arrive vers 6 heures, avec mes idées et les quelques produits que j'ai sous la main. Je pose virtuellement mes idées et concrètement mes notes sur la table, et je réfléchis une demi-heure. Vers 7 heures, je suis au marché et je fais les courses complémentaires que je rapporte en cuisine. Lorsque tout est déballé devant moi, je vais vous paraître folle, mais je vis avec les ingrédients. On se parle. On se renifle et on s'affronte parfois. La cébette me dit « non, pas moi aujourd'hui » quand le chou rouge me fait de l'œil et me demande de me rapprocher. Et les autres produits entrent dans la danse, je les déplace et les inclus dans un ballet complètement improvisé. Ensuite, on avance ensemble, je commence à découper, je fais les premiers mélanges, chauffer de l'eau ou une poêle, je hume et j'avance, centimètre par centimètre. Parfois, souvent même, je jette et je recommence. Vers 8 heures, les membres de mon équipe arrivent petit à petit et me découvrent au milieu de mon atelier éphémère. Je leur raconte, nous goûtons ensemble et ce sont des pas supplémentaires vers une solution, une sorte d'harmonie qui nous attend au détour d'un condiment ajouté, d'une cuisson prolongée ou d'un produit supprimé. Je ne sais pas comment expliquer avec d'autres mots que ceux-là la naissance d'un ou plusieurs plats et donc d'une carte.

Lorsque j'ai commencé à associer très sérieusement des ingrédients de mon enfance à ma cuisine, je ne voulais pas me contenter de prendre des recettes déjà existantes et de les modifier un tout petit peu, les revisiter comme on dit dans notre milieu. Je n'aime pas beaucoup cette formulation d'ailleurs, je lui préfère celle d'une « expression libre » autour d'un plat existant. Je rêvais secrètement de pouvoir créer au moins une association de saveurs à laquelle personne n'avait encore songé. Cela peut paraître prétentieux, mais j'ai toujours voulu inventer quelque chose qui reste derrière moi. Le fameux « laisser une trace ». Certains grands restaurants ont un pôle Recherche et Développement, les fameux services R&D des grandes entreprises. Ce n'est pas mon cas et mes recherches se déroulent donc de manière très empirique. Je griffonne beaucoup et teste comme je peux, là où je me trouve. Cela a parfois donné des résultats encourageants.

Un jour, en réunion avec mes ingrédients, je me suis retrouvée chez mon poissonnier, nez à nez avec de magnifiques rougets. J'ai d'abord eu l'idée de les travailler comme un poisson braisé (grillé au barbecue façon béninoise) et j'ai pensé les associer à de la banane plantain. Je n'aime pas le sucré-salé, mais la banane plantain et le poisson grillé, ça marche bien. Ce poisson fort en goût a une chair fine et une peau très fragile, alors j'ai préféré une cuisson au naturel au four pour finir avec un petit coup de chalumeau et garder un léger goût de grillé, fidèle à mon idée première. Rouget, banane plantain, un jus avec les abats, c'était pas mal mais cela me paraissait trop simple. Puis je suis tombée quelques jours plus tard sur un reste d'*afitin* et du boudin de porc noir. J'ai mélangé les deux ingrédients. J'ai farci le rouget. J'avais donc la banane plantain et le jus, mais je me suis demandé quels ingrédients je pouvais ajouter pour passer au plat d'après sans être trop perturbée par toutes ces saveurs ? C'était le céleri branche, comme une écume. J'étais contente de mon plat, mais ma seconde (mon adjointe en cuisine) moins. Après quelques hésitations, on l'a proposé au menu et il n'a pas laissé indifférent. Mieux que ça, quelques jours plus tard, il a vraiment plu. Il n'y avait a priori pas de place sur ma carte pour un plat unique, mais nous avons changé les règles et il est devenu un des plats préférés de notre clientèle. Quelques mois plus tard, l'auteure Hélène Luzin est venue dîner à l'occasion d'un entretien pour son ouvrage *50 chefs de la relève gastronomique qu'il faut avoir rencontrés une fois dans sa vie*. C'est ce plat qu'elle a choisi pour son livre.

Deux autres exemples rapides de création ont eu un beau destin.

Le tartare gombo et langoustines (ou crevettes sauvages), voile de langoustine, glace et caramel de crevettes séchées comme celles utilisées dans le *dja*, une sauce/condiment typique du Bénin, sera l'une de mes recettes mises en avant dans *L'Afrique cuisine en France* de Vérane Frédiani. Et dans la famille « un peu plus léger et ludique », le trou béninois. Un sorbet au géranium rosat et une lichette de Sodabi (eau-de-vie de palme). Juste après les plats, c'est une petite pause fraîcheur dans l'esprit d'un trou normand avant le fromage, puis le ou les desserts.

Pour revenir à l'inspiration, je ne sais pas si on peut parler de magie ou d'alchimie. Il s'agit d'un travail qui nécessite de s'oublier un moment pour n'être plus qu'un récepteur, avant de devenir un créateur. C'est ma vie et c'est chaque jour passionnant.

Role model?

Être noire n'est pas ce qui me définit en premier. Le matin, en me réveillant, je ne me suis jamais dit : « Voilà, tu es une femme noire, prends ton bâton et mène ton combat. »

Avec l'âge, l'expérience, mon rôle de mère protectrice, la médiatisation que j'ai connue à la suite de l'étoile et tous les messages et témoignages que j'ai reçus depuis, j'ai de plus en plus conscience de ma couleur de peau. Je sais ce que cela veut dire d'être noire en France, j'ai compris que je suis une privilégiée ou que j'ai eu de la chance, et que des progrès restent à accomplir dans l'intégration des Noirs à tous les étages de la société française. Je ne sais pas quel rôle je peux jouer, mais je suis prête.

Lorsque j'ai débuté dans les métiers de la cuisine en France, aucune figure inspirante ne pouvait orner les murs de ma chambre. Je connaissais les cheffes françaises légendaires comme la Mère Brazier à Lyon, et celles qui ont occupé et/ou occupent encore aujourd'hui les hauts sommets de la gastronomie contemporaine française ou d'ailleurs, comme Flora Mikula, Hélène Darroze ou Anne-Sophie Pic, Amandine Chaignot ou encore Fatéma Hal. Mais je connais trop peu de noms de cheffes d'Afrique noire à part Rougui Dia, d'origine sénégalaise, qui est née et a grandi en France. En trois mots, elle a été la première femme à diriger les cuisines du restaurant déjà étoilé Petrossian, puis du Buddha-Bar, avant d'ouvrir sa boutique de babas et de s'expatrier aux États-Unis. Elle a un an de plus que moi et a accompli tellement de choses ! J'ai beaucoup d'admiration pour elle. Elle a commencé sa carrière très tôt et s'est construit un destin exceptionnel. Lorsque j'ai démarré, je ne voulais pas être Rougui Dia ni même travailler dans des grands restaurants.

Que veut dire être une femme noire dans le milieu de la cuisine ? C'est sans doute une des questions que l'on me pose le plus souvent. Pendant longtemps, je préférais m'exclure de toute catégorie. Ni femme, ni noire, ni grande, ni ronde, juste un être humain. Passivité excessive, égoïsme ou bêtise ? Un peu des trois sans doute. Mon existence, telle que vous l'avez découverte, a contribué à me mettre les yeux en face des trous. Pour être plus directe, les événements que j'ai vécus et que je vous ai racontés sur ma vie au Bénin et mon arrivée en France m'ont posé sur le front des étiquettes qui ont fini, dans le miroir, par m'offrir le don de lucidité. Il était temps. Aujourd'hui, j'ai compris qu'être une femme noire a un sens et que dans la position que j'occupe socialement cela m'oblige à être sinon exemplaire, au moins attentive. Je sais que je suis scrutée, suivie de près par une population qui me ressemble, en France, en Afrique, et ailleurs.

Le mot que j'entends le plus est « fierté ». Les personnes qui me disent « on est fiers de vous » sont toujours des femmes ou des hommes noirs de la diaspora ou qui vivent sur le continent africain. Ce sont eux qui m'ont fait comprendre qu'être noire en France et dans le monde est un combat. Je vous donne un exemple récent : une Togolaise, cheffe à Strasbourg croisée lors d'un dîner à Marseille chez Kin (très bon restaurant africain et méditerranéen) s'approche et me dit qu'en me voyant recevoir l'étoile Michelin elle a pleuré parce que, je la cite : « Quelqu'un de chez nous est enfin arrivé à ce niveau-là. » Je ne sais pas comment recevoir ce genre de témoignage, je sais seulement qu'il me bouleverse et me fait réfléchir aux moyens à mettre en œuvre et aux combats à mener pour qu'un parcours comme le mien ne soit plus exceptionnel, qu'il ne suscite plus cette émotion venue d'une époque où il était impensable qu'une femme, de surcroît d'origine ouest-africaine, soit étoilée ou même cheffe. J'ai envie d'être là pour ceux qui partagent des rêves similaires. Femmes, hommes, il n'y a aucune sélection à l'entrée de la solidarité et de l'entraide. Nous avons besoin de soutien, de structure dédiée, de lobbying, de couverture médiatique. Serai-je à la hauteur de ce défi, en aurai-je le temps ? Je l'espère.

Il me reste des démons à évacuer, des projets à construire, mais je serai là pour le futur Mory Sacko ou la prochaine Georgiana Viou, autant que pour le Lionel Lévy en herbe ou l'Anne-Sophie Pic à venir s'ils ont besoin de moi. On ne peut pas tant recevoir sans donner en retour.

Je veux prendre la parole, raconter mon histoire pour qu'il y en ait mille autres semblables. Ce livre n'est qu'un début.

Mes petits

Au début de cet ouvrage, j'ai écrit que ce récit n'aurait jamais existé sans l'accord de mes enfants, Steven, Paul-Arthur et Margot. S'ils avaient été trop heurtés par l'histoire de ma vie, ou gênés par l'idée qu'elle soit largement partagée, j'aurais immédiatement mis fin au projet. Mes trois petits ont lu un résumé de quinze pages. Ils ont découvert mon intimité, les histoires d'amour avec leurs pères respectifs, mais aussi le viol, les agressions, les larmes et les dépressions.

J'ai voulu que ce moment se déroule lorsque nous étions tous les trois, lors d'un week-end que nous passions ensemble à Lyon. Nous venions de prendre le petit déjeuner et écoutions de la musique, Steven, Margot et moi. Paul-Arthur était à un concert la veille et dormait chez un ami. Il devait nous rejoindre.

– Steven, baisse la musique s'il te plaît. J'ai quelque chose à vous dire. Je vais écrire un nouveau livre mais pas de cuisine cette fois.

Margot répond :

– Ah bon ? Mais de quoi alors ?

– C'est un livre qui va être romancé ou non, je ne sais pas bien encore, mais il va parler de ma vie quand même. Il va parler de vous forcément, de vos pères, de tonton Carlos, de mamie, de tout le monde.

Steven poursuit :

– Ah ouais !?

– Oui, mais je ne vais pas l'écrire toute seule. J'ai un ami, Olivier, avec qui j'ai beaucoup parlé, qui a déjà écrit une quinzaine de pages. Je vais vous les envoyer séparément sur vos téléphones. Comme Paul-Arthur n'est pas encore revenu, je ne veux pas les mettre sur notre groupe WhatsApp, il ne comprendrait pas le pauvre.

Voilà, c'était parti !

Aucune réaction. Cela faisait beaucoup d'informations d'un seul coup, mais aucun des deux n'ouvrait le fichier avec le texte. Alors j'ai poursuivi en leur disant que j'apprécierais qu'ils le lisent maintenant, là, tout de suite.

Ils se sont très gentiment exécutés. Steven était dans un fauteuil à bascule dans le salon du Airbnb où nous logions et Margot est restée assise à côté de moi. Elle s'est enfoncée dans le canapé et s'est mise en tailleur.

Je crois bien que la lecture a duré environ quinze minutes. C'est très long quand on fixe le visage de ses enfants pour guetter la moindre émotion. Je les ai vus sourire, avoir l'air triste, hausser les sourcils. Il y a aussi eu des « waouh » murmurés timidement. Je ne sais plus qui, de Steven ou Margot, a terminé le premier, mais je me souviens de sa phrase :

– Tu as raison de le faire, maman.

L'autre a enchaîné :

– Oui. C'est dingue, on apprend trop de choses ! On ne savait pas, maman.

– Et moi, je découvre plein de trucs sur mon père.

Paul-Arthur est rentré à ce moment-là. Il n'a pas eu le temps de se poser que je lui ai envoyé le texte sur son téléphone et lui ai demandé de le lire. Il s'est isolé dans la chambre. Vingt minutes plus tard, il en est ressorti les yeux rougis. Il avait beaucoup pleuré. Je lui ai dit que j'étais désolée…

– Non, ça va, t'inquiète, mais j'ai peur que papa réagisse mal.

Ils avaient tous les trois pensé à leur père. Je devais les rassurer :

– Je comprends mais, vous savez, ce n'est pas juste un livre pour raconter des choses sur vos pères ou sur moi. D'ailleurs, il n'y a aucun mal à dire d'eux. Mais j'ai reçu beaucoup de témoignages de personnes comme moi qui sont arrivées en France et qui ont vécu ici, et je me suis laissé convaincre d'écrire ce livre parce que je suis sûre que mon histoire peut résonner chez de nombreuses personnes et peut-être donner de la force et de l'espoir à ceux qui se sentent dans une impasse, et plus largement à ceux qui doutent de leur avenir.

Nous nous sommes fait un câlin pudique, tous les quatre. Ils m'ont réaffirmé leur accord et leur soutien. J'ai moi aussi beaucoup pleuré, seule dans la chambre, après ce moment.

Je vous les présente. Steven, l'aîné, vit entre l'Allemagne et la France, il vient de sortir d'une école de commerce et a commencé son premier job à Berlin. Paul-Arthur a choisi la pâtisserie et abandonné les études générales après son brevet. C'était son choix, il est très doué et a déjà fait ses classes dans plusieurs restaurants, dont celui de sa maman. Margot est un concentré d'énergie positive. Elle se dirige vers un parcours sport-études après de belles années en danse classique et modern jazz, et elle s'épanouit désormais dans le volley-ball où elle excelle.

Je les remercie pour la force vitale qu'ils me donnent.

Remerciements

Qui lit les remerciements ? Peut-être ceux qui s'attendent à y figurer. Pourtant, pour moi, ces quelques lignes sont essentielles.

À Olivier Montels, mon cher Olivier. Je ne sais pas quel destin attend ce livre, mais s'il existe, c'est grâce à toi. D'autres avant toi y avaient pensé, mais tu es le seul à m'avoir poussée, écoutée et accompagnée. Merci pour ta patience, ta discrétion et ta pudeur qui ont rendu ce projet possible. Ce livre porte ton empreinte, tout comme il porte mes mots.

À mes enfants, mes amours. Ma fille aime à dire que nous, les quatre, sommes le « noyau dur ». Elle a raison. Si l'un de vous avait exprimé la moindre réticence, ce livre n'aurait jamais vu le jour. Merci d'être toujours là, de me soutenir et de croire en moi. Je croyais qu'il n'y avait que moi pour veiller sur vous, mais vous m'avez montré combien cet amour est partagé. Sachez que je serai toujours là pour vous, quoi qu'il arrive.

À la maison d'édition, Elsa Lafon et ses équipes. À Maïté, Emma et toutes les femmes qui sont intervenues sur ce projet.

À ma famille de cœur et de sang, merci d'avoir accepté de partager ces souvenirs… Une pensée spéciale à mon frère et ma mère, qui ne se livrent jamais, encore moins pour une publication. Une grande première. Vous m'avez donné plus que des mots. Et à ceux qui nous ont quittés trop tôt : Grand-maman, Sam, Tanti Pauline et tant d'autres. Vous m'avez marquée et forgée, et je vous dois une part de ce que je suis aujourd'hui.

À tous ceux qui ont croisé ma route, qui, souvent sans le savoir, m'ont donné de la force à des moments où j'en avais besoin. Y compris ceux qui, à travers des épreuves difficiles, m'ont poussée à puiser au plus profond de moi-même pour continuer à avancer et me battre. Même si je vous en ai voulu, je comprends aujourd'hui que ces moments m'ont rendue plus forte. Vous faites partie de ce voyage, alors merci.

À la petite Georgiana, qui n'a jamais vraiment disparu. Elle est là pour me rappeler d'où je viens, avec toutes mes forces et mes fragilités. Elle est bien plus qu'un souvenir : c'est elle qui m'offre cette légèreté, ce côté direct sans fioritures. À l'aube de mes 50 ans, elle continue de m'accompagner, et je sais qu'elle sera toujours là, gardienne de mes rêves…

À toi là-haut, je ne parle jamais de toi, mais une fois n'est pas coutume : merci, mon Dieu ! Merci de veiller sur moi et de garder un œil bienveillant sur mon chemin.

Et enfin, à vous. Merci d'avoir pris le temps de lire ces pages. En les découvrant, vous êtes entrés dans une partie de mon histoire, et j'espère qu'elle vous a touchés d'une manière ou d'une autre. Si c'est le cas, je serais heureuse qu'elle voyage encore, à travers vos mots cette fois, vos échanges ou simplement votre souvenir. À bientôt, peut-être ?

Table des matières

Composition
PRESS·PROD

Imprimé en France par
CPI Bussière
en février 2025

Dépôt légal : mars 2025
N° d'impression : 2083291
ISBN : 978-2-7499-6098-2
LAF : 3589